AF314682

LES
PREMIERS BATEAUX
A Vapeur
AU HAVRE

PAR

Louis BRINDEAU

Directeur Politique du " JOURNAL DU HAVRE "

Articles publiés dans le *Journal du Havre* des 4.
5, 7, 10, 12, 14, 16, 19, 25, 26, 31 Janvier, 2, 4,
7, 9, 13 et 14 Février 1901.

HAVRE

Imp. du JOURNAL DU HAVRE (A. Lachèvre), 11, quai d'Orleans

1901

LES

Premiers Bateaux à Vapeur

AU HAVRE

Le 19 mars 1816, la *Feuille d'Annonces Maritimes du Havre* mentionnait
l'entrée dans notre port, dans la jour-
née du 18, « d'un bateau anglais venant
» de Londres, naviguant au moyen d'une
» mécanique à vapeur et sans le ser-
» vice des voiles, et devant, dit-on, se
» rendre à Paris ». La *Feuille* ajoutait, dans son numéro du lendemain :
« Le bateau à vapeur dont nous avons
» parlé dans notre numéro d'hier est le
» paquebot français *Elize*, allant de Lon-
» dres à Paris, et naviguant à la seule
» aide d'une machine à vapeur : il est
» entré au Havre après vingt heures de
» traversée et part aujourd'hui, à une
» heure, pour sa destination ultérieure ».

L'*Elize*, qui eut l'honneur d'effectuer
la première traversée d'Angleterre en
France à l'aide de la vapeur seule et
qui fut en même temps le premier stea-

mer que reçut le port du Havre, avait
été acheté à Londres pour un service
sur la Seine par la Compagnie PAJOL,
qui se disposait à faire concurrence à
celle qu'avait fondée, quelques mois
auparavant le marquis de Jouffroy (1).

L'*Elize* n'avait que 16 mètres de long
sur 6 de large et la force de sa machine
n'était que de dix chevaux. Ce bateau
n'en fut pas moins considéré comme
une merveille, et lorsqu'il sortit du
Havre le 21 mars, pour remonter la
Seine, une foule considérable se rendit
sur la jetée Nord.

« Le bateau à vapeur, parti hier du
Havre » — disait la Feuille d'Annonces
du 22 mars — « est en ce moment, neuf
heures du matin, au port de Rouen, ou
l'on peut juger, par ses manœuvres, de
la vivacité de ses mouvements ». A
Rouen, le passage de l'*Elize* fut chaleureusement fêté. « Les dames de la
Halle » — dit M. Frédéric de Coninck —
« allèrent en procession au passage du
pont pour offrir au capitaine un énorme
bouquet ». A Paris, la réception fut abso-
lument enthousiaste. Nous en avons retrouvé le récit, ainsi qu'une description
et des appréciations sur le nouveau navire, dans le *Moniteur Universel* du
samedi 30 mars 1816, dont nous croyons
devoir reproduire l'article in-extenso,
afin de ne lui rien enlever de son origi-
nalité :

____

(1) Inventeur du pyroscape qui, en 1783, fit,
pendant un an et demi, un service régulier sur
la Saône.

« Le public s'était porté avec empressement sur les quais, depuis la barrière de la Conférence jusqu'au quai Voltaire, où devait se garer le bateau à vapeur, dont l'arrivée, annoncée depuis quelques jours, était fixée à hier deux heures. Plusieurs salves des deux pierriers, placés sur l'avant du bâtiment, ont annoncé son entrée dans Paris et indiqué sa marche.

» L'attente du public n'a pas été frustrée. Il a vu avec satisfaction que sa marche surpassait de vitesse tout ce que les moyens connus pouvaient offrir. Malgré la rapidité du courant, bien plus fort sous les arches des ponts, sa marche parfaitement égale n'a été que de 34 minutes depuis la station qu'il a faite vers le milieu du Cours la Reine jusqu'au lieu de son arrivée (cette espace est de 1,000 toises, ce qui donne par lieue de 2,500 toises, 1 heure 24 minutes).

» Ce bâtiment a de 48 à 50 pieds de long sur environ 16 pieds dans la plus grande largeur : il a la forme d'un bateau pêcheur. Les tuyaux du fourneau et de la chaudière s'élèvent au centre, à la place du grand mât, à une hauteur d'environ 18 pieds au-dessus du pont et s'abaissent à volonté pour faciliter le passage des ponts. La vapeur donne, par des moyens qui nous sont inconnus, le mouvement à deux roues placées sur les flancs du bateau qui le forcent à remonter. Sa quille, qui est très applatie, lui facilite la navigation dans une eau très peu profonde.

» De nouvelles décharges et des cris de « Vive le roi ! » poussés par l'équipage et répétés par le public nombreux qui bordait les quais, ont annoncé son passage sous le Pont-Royal et couronné l'arrivée de ce bâtiment qui promet de grands avantages pour la navigation intérieure et pour le transport par eau, l'une des charges les plus pénibles et les plus dispendieuses pour le commerce. »

Ajoutons que Louis XVIII se tenait, à l'arrivée de l'*Elise*, à l'une des fenêtres des Tuileries donnant sur la Seine. Le vieux roi n'était point fâché, sans doute, de donner ainsi un encouragement public à la navigation à vapeur que le Premier Consul avait méconnue lorsqu'il repoussa en 1803, les offres de Fulton qui avait cependant fait naviguer, à cette époque, avec un plein succès, un bateau à vapeur auquel il avait appliqué le système de Watt.

Il y avait, toutefois, des circonstances atténuantes au refus opposé à Fulton, d'abord par le Directoire et ensuite par Bonaparte.

En les rappelant, nous sommes amenés à constater que c'est également au Havre qu'avaient eu lieu, quinze ans avant l'arrivée de l'*Elise*, les premiers essais de la navigation sous-marine.

En effet, lorsqu'en 1797, Fulton fit ses premières propositions au gouvernement français, elles avaient pour objet la construction d'un bateau sous-marin destiné à aller attacher aux flancs des grands vaisseaux des pétards ou « *Tor-pédos* » devant avoir pour effet de les endommager fortement : il s'agissait d'une chose tellement nouvelle et hasardeuse que l'on comprend très bien les hésitations du Directoire. Le Premier Consul avait consenti cependant, en 1801, à ouvrir un crédit à l'inventeur, et chargé une Commission composée de Volney, Monge et Laplace, de lui donner leur avis sur le résultat des expériences.

Le premier sous-marin, parti du Havre pour Brest, fit côte et se brisa aux environs de Cherbourg ; une seconde tentative faite quelque temps plus tard, vis-à-vis du pont des Invalides, donna, au contraire, des résultats très satisfaisants : mais le succès constaté dans les eaux calmes d'un fleuve ne constituait évidemment pas, pour un navire de combat, une suffisante garantie. En 1803, Fulton avait lancé sur la Loire un bateau à vapeur, mais ce navire s'était rompu par le milieu ; par contre, un nouvel essai fait quelques mois après avait pleinement réussi.

En présence de ces alternatives d'échecs et de succès, on s'explique que le Premier Consul n'ait point voulu se lancer immédiatement dans des dépenses considérables ; on peut cependant s'étonner qu'à l'époque où une descente en Angleterre était encore l'objet principal de ses pensées, il n'ait pas apporté plus d'attention et de persévérance aux premiers essais de navigation à vapeur.

» Ce n'est pas la première fois, dit M. Thiers qu'une grande invention due à des génies secondaires mais spéciaux, a passé à côté de génies supérieurs sans attirer leur attention.

» La poudre à canon qui, en détruisant à la guerre, l'empire de la force physique contribua si puissamment à une révolution dans les mœurs européennes, fut non-seulement odieuse à l'héroïque Bayard, mais inspira le dédain de Machiavel, ce juge si profond des choses humaines, cet auteur, si admiré par Napoléon, du traité sur la guerre, et fut considérée par lui comme une invention éphémère et de nulle conséquence. »

Il est vrai que M. Thiers lui-même fut, dit-on, longtemps hostile à l'établissement des chemins de fer....

Nous pensons qu'il était intéressant, au début de l'étude que nous entreprenons sur les premiers bateaux à vapeur du port du Havre, de rappeler l'arrivée de l'*Elize* au Havre, et le départ de notre port du premier sous-marin.

Le voyage de l'*Elize* devait, notamment, éveiller les initiatives locales, dont la première manifestation consista dans la mise en service d'un bateau à vapeur pour la traversée de la baie de la Seine.

Les bateaux d'Honfleur et de Rouen

Dès les premières années qui suivirent la fondation du Havre, un service de bateaux qui devait d'ailleurs exister antérieurement entre Harfleur ou Leure et Honfleur, avait été organisé pour le passage de l'estuaire. On en trouve la description dans les chroniques de de Marceilles et de Mlle Lemasson-Legolft : une gravure de Derrey (fin du 18e siècle), d'après un tableau du peintre anversois Bonaventure Peters, remontant au siècle précédent ; plus tard, deux gravures de Garneray et deux tableaux de Gamain, en ont reproduit l'image.

Ces navires, connus sous le nom de « passagers d'Honfleur », étaient des bateaux à l'arrière et à l'avant assez fins et un peu remontés, gréés en sloop

Bien que commandés par de très habiles marins, ces navires avaient éprouvé de fréquents accidents. De Marceilles raconte le naufrage de l'un d'eux, entre Harfleur et Honfleur, en 1574 ; pareille mésaventure leur arriva également en l'an VIII et en 1820, et sans doute bien d'autres fois encore.

Nous pouvons citer, parmi les derniers spécimens de cette navigation primitive le *Bienfaisant*, capitaine Boudin, qui sombra un jour par suite d'une voie d'eau occasionnée par un trou de rat, et le *St-Jean*, qui eut pour patron le père du poëte havrais Léon Buquet.

Les « passagers » à voiles, quoi que leur service fût aussi bien organisé que possible, ne pouvaient évidemment partir et arriver avec la même régularité que les bateaux à vapeur. Aussi, afin de prévenir le public qui, même de nos jours, ne brille pas toujours par l'exactitude, un matelot, doué d'une voix de stentor, parcourait les rues voisines du quai, en criant d'une voix formidable : « Embar-quons-nous ! Embarquons-nous ! ».

La première traversée de l'*Elize*, et les bons résultats donnés par les navires à vapeur mis en service sur la Seine, firent naître, au Havre, le désir de substituer des bateaux à vapeur « aux passagers ». C'est un Américain, M. Beasley, Consul des Etats-Unis dans notre ville, qui organisa, en 1819, le premier service à vapeur sur Honfleur. Ce service, — assez irrégulier, d'ailleurs, dans les premières années — eut pour pionnier le vapeur le *Triton*, capitaine Toutain, acheté à Bordeaux.

Ce navire mettait environ une heure et demie pour faire le trajet. On payait 2 francs en première et 1 franc en seconde.

Plus tard, en 1823, sous le commandement du capitaine Blaye, le *Triton* fit des voyages circulaires entre le Havre, Honfleur, Portsmouth et Southampton. (Les départs avaient lieu deux fois par semaine.) Il avait été amé-

lioré en vue de ces traversées .
Nous lisons, en effet, dans une annonce publiée à cette époque : « Ce
paquebot, qui est connu pour sa marche
supérieure, vient de recevoir des chan-
gements très avantageux dans sa mécanique. »

Un second bateau, la *Duchesse de-
Berri*, appartenant à une autre Compagnie, fut mis en service sur Rouen à peu
près à la même époque. (1821)

Voici, à titre de curiosité, une des
premières annonces de départ de ce
navire.

« Il partira du Havre le 8 août, à
7 heures 1 4 du matin, séjournera le
lendemain à Rouen, en repartira mardi,
à 10 heures 1 2 du soir, au clair de la
pleine lune et sera de retour au Havre
mercredi matin ».

On payait 12 fr. en première et 7 fr.
en seconde (les prix furent bientôt
abaissés à 10 fr en premières et 7 fr. en
secondes). Les voyageurs avaient droit
à 50 kilog. de bagages. Les départs eurent lieu très régulièrement du Havre
les lundis et jeudis, de Rouen les mardis
et samedis. Il y avait un restaurant à
bord.

Comme le *Triton*, la *Duchesse-de-
Berri* sentit, au bout d'un certain temps,
la nécessité de cumuler. Elle toucha à
Honfleur, ou même fit des départs spéciaux pour ce port, organisa, le dimanche, des voyages à Orcher (la Seine
passait alors près du pied de la falaise)
et à Caen, à l'époque de la foire.

En 1825, un deuxième navire, la *Duchesse-d'Angoulème* , fut mis sur la même ligne. «Le nouveau bateau à vapeur, la *Duchesse-d'Angoulème*, — lisons-nous dans l'avis du départ — muni d'une mécanique d'une grande force, partira du Havre tous les dimanches et jeudis et de Rouen tous les lundis et vendredis. Son premier départ du Havre eut lieu le 30 juin 1825, à six heures du matin (1).

En 1827, le *Havrais* vint s'ajouter à ces deux bateaux. Ces steamers s'amarraient au quai de la Douane.

A peu près à la même époque fonctionnait une ligne de bateaux à vapeur du Havre à Paris, avec escale à Rouen. Elle se composait des steamers *Hirondelle*, capitaine Poulain ; *Seine*, capitaine Berquin : *Commerce-de-Paris*, capitaine Poirier.

En 1833, la concurrence devint très vive sur la ligne de Honfleur, avec l'entrée en service du *Jean-Bart*, du *Honfleur*, du *Rouennais*. Ce dernier, pour battre ses concurrents, alla même jusqu'à abaisser le prix des places à 5 et à 3 sous !

Le service sur Honfleur fut complètement transformé en 1835 par la mise en service du *Français*, capitaine Gallon, construit sur les chantiers de M. A. Normand. Ce steamer, qui appartenait à MM. VIEILLARD ET Cᵉ (Grand-Quai,

____

(1) Ce navire effectua en neuf heures, malgré le vent contraire, une de ses premières traversées d'aller.

nº 15). était doté d'une machine à basse
pression d'une force de 50 chevaux (1).

Le premier départ du Havre eut lieu
le 15 mars, à 6 heures 1 2 du matin.

―――――――――

(1) Prix des places : premières 1 fr., secondes
50 cent.

Les bateaux de Rouen, d'Honfleur, de Paris, de Caen, de Cherbourg — Inauguration des services à vapeur sur Southampton, Bordeaux et Hambourg.

Le *Français*, dont les essais avaient eu lieu en février 1835, donna une vitesse de 9 nœuds pendant ces épreuves. Une foule de curieux s'étaient rendus sur la jetée pour assister à ses évolutions et, dit un journal local « applaudirent à ses débuts comme à un succès de théâtre. »

Le *Français* transporta environ 800 personnes dans ses quatre premières traversées : il réussit, dans une des premières journées, à faire deux voyages dans une seule marée. Les Chantiers Normand avaient construit, trois ans auparavant, le vapeur le *Courrier*, qui fut employé tout d'abord, pour le compte du gouvernement français, au transport des dépêches entre Calais et Douvres. Dès cette époque, le *Courrier* avait dépassé sensiblement ses concurrents anglais.

En 1835, M. Normand fut chargé d'y apporter certains perfectionnements et notamment de le rallonger de 9 à 10 pieds. Ce bateau put alors fournir dans ses essais, en rade du Havre, une vitesse de 10 nœuds, à 6 atmosphères.

Un « panorama de la jetée du Havre », qui figure dans l'ouvrage publié par Morlent en 1841 (*Le Havre et son arrondissement*) représente l'un des premiers bateaux de Honfleur au moment où après avoir doublé la jetée du Sud, il commence à mettre, au tournant du poulier, « le nez dans la plume ». Ce vapeur est à deux mâts, sans vergues ; la cheminée très mince, piquée droit au milieu du pont, est presque aussi haute que la mâture ; son extrémité s'élargit comme les bords d'un vase ; l'avant est arrondi, et de forme un peu lourde ; l'arrière carré.

De 1834 à 1837, on vit entrer en service, successivement, sur la Seine, pour des voyages de Rouen : le *Casimir*, capitaine Lefèvre ; le *Louis-Philippe* ; la *Normandie*, capitaine Bambine (trajet entre 6 et 7 heures) ; l'*Aigle*, capitaine Toutain ; le *Gaulois*, capitaine Brisset (traversée minima en 5 heures).En 1836 et 1837, une Compagnie Parisienne, (VOITURES DE SAINT GERMAIN), établit une ligne de vapeurs spécialement aménagés pour les passagers, entre Paris et Rouen ; ces paquebots faisaient la correspondance avec les steamers du Havre à Rouen. On s'embarquait, dans cette dernière ville, au

Cours-la-Reine. Le *Théodore*, capitaine
Bambine (1836) et la *Ville-de-Paris*, capitaine Duval, effectuèrent régulièremen
ces traversées trois fois par semaine.
On débarquait à Poissy, et l'on gagnait
Paris en voiture. (Prix, 12 fr. premières : 8 fr., seconde.)

Notre navigation côtière fut complétée,
en 1837, par l'organisation de départs
réguliers pour Caen. C'est le *Calvados*,
capitaine Franet, qui inaugura ce service. Le dimanche 20 mars 1839, l'arrivée de ce steamer à l'embouchure de
l'Orne et à Caen fut fêtée avec enthousiasme. La Musique de la Garde Nationale de Caen et celle du régiment de
ligne en garnison dans cette ville s'em-
barquèrent sur le steamer, au bas de la
rivière : les élèves du Conservatoire de
chant y prirent également place. A son
arrivée dans le port, le *Calvados* fut
salué par l'artillerie de la milice bour-
geoise, à laquelle il répondit à l'aide de
deux pierriers placés sur son avant.

A peu près à la même époque, MM.
Petit Pierre et Grandin organisèrent des
voyages réguliers sur Cherbourg par le
vapeur *Vésuve*, de 100 chevaux de
force.

En même temps, de 1827 à 1833, des
relations par steamers s'établissaient
entre le Havre, la côte anglaise et les
ports français de la mer du Nord et de
l'Atlantique.

C'est ainsi qu'à partir de 1827, le steamer *Saint-David*, capitaine Brice, fit des voyages assez réguliers entre notre port, Southampton et Liverpool. Il eut pour successeur le vapeur *Camilla*, capitaine Sauteur, qui effectua chaque année, pendant la belle saison, ce service à jours fixes. Il avait pour consignataire M. GILLO. En 1836, on lui adjoignit l'*Appollo*, capitaine Veekes, et, plus tard, en 1837, le steamer *Lady-of-Saumarez* (STEAM PACKET Cy. de Londres), fit ces traversées pendant l'hiver, et établit une correspondance avec la ligne anglaise partant de Southampton pour le Portugal et l'Espagne.

Mais un des événements maritimes les plus anciens et les plus considérables fut l'organisation de la première ligne entre Bordeaux et le Havre, avec escale à Lorient, Brest et Cherbourg. Le premier départ eut lieu de Bordeaux le 6 février 1833 : le steamer *Gironde*, capitaine Labal, pionnier de cette ligne, jaugeait 600 tonneaux ; il possédait deux machines de 165 chevaux de force, et des aménagements très élégants, notamment une belle et vaste dunette. La *Gironde*, qui appartenait à la Compagnie INIGO ESPELETA, de Bordeaux, avait pour consignataires au Havre MM. BALGUERIE ET Cᵉ. Nous avons retrouvé une dépêche de Bordeaux, du 6 février 1833, relatant les essais de ce navire.

En voici quelques extraits : « Mardi dernier, le magnifique navire à vapeur *La-Gironde* a fait le second et dernier essai de ses belles machines. A 10 heures 1/2 du matin, il a levé ses ancres se dirigeant vers le bas de la rivière en présence d'un grand concours de spectateurs que bordaient les quais de Bacalan. Plusieurs notabilités commerciales de notre ville s'étaient rendues à son bord pour jouir du plaisir de cette navigation. C'est la première fois que l'on voit dans nos ports un bateau de ce genre d'une aussi forte capacité et dont la rapidité égale l'élégance.

» En moins de six heures, en y comprenant diverses stations, la *Gironde* avait parcouru un espace de vingt-six lieues, sans forcer les feux et, la moitié du temps, ayant à lutter contre des courants violents. On a compté jusqu'à vingt-cinq coup de piston par minute, résultat qui sera certainement dépassé quand toutes les parties de la machine auront fonctionné et acquis l'élasticité nécessaire ».

La dépêche ajoutait que les négociants bordelais, qui alliaient la prudence à l'enthousiasme, surveillèrent avec attention, pendant cet essai, la température des cales, et s'assurèrent que les vins et eaux-de-vie seraient partout à l'abri de la chaleur de la machine.

La *Garonne*, capitaine Guerin, vapeur à peu près du même modèle, suivit de près la *Gironde*. Ce steamer entra dans notre port le 26 mars 1838. Il était parti le 21 au soir de la rivière de Bordeaux et avait séjourné deux jours à Brest.

C'est l'année suivante qu'un paquebot

à vapeur jeta les jalons de la ligne qui prit bientôt tant d'importance entre le Havre et Hambourg.

« Le paquebot à vapeur connu sous le nom de *Le-Commerce-de-Hambourg* » — lisait-on dans un avis publié en Mars 1834, « du port de 300 tonneaux, doublé cloué et chevillé en cuivre, commencera son service du Havre à Hambourg le 1er mai 1834, et continuera s s voyages de quatre jours en quatre jours, en attendant la mise en activité de deux autres paquebots. Chambres et lits pour 60 à 70 passagers. Le steamer prendra 140 à 150 tonnes de marchandises.— Prix de passage : 1ro chambre, 175 fr. ; 2e, 125 ; 3e, 75. — Fret : marchandises lourdes, 30 fr. par tonneau ; légères et volumineuses, 1 fr. par pied cube. Or, 1 6 0 0, argent, 1 8 0 0, sans assurances, le tout avec 14 0 0 avaries et chapeau. »

Le bateau prit son poste au bassin de la Barre, côté Ouest, près du pont d'Angoulême. Il était à la consignation de M. ALBRECHT ET Cⁱᵉ.

Il fut remplacé, au bout de quelques mois, par *Le-Hambourg,* capitaine Baladier (Mars 1835), bientôt suivi lui-même par *Le-Havre,* capitaine Gotrot. Les départs eurent lieu régulièrement du Havre et de Hambourg tous les samedis. Ces paquebots, de 100 pieds de longueur, et munis de deux machines à basse pression de la force de 120 chevaux, pouvaient porter 400 tonneaux.

Les aménagements pour passagers étaient vastes et élégants. Ils trans-

portaient également les lettres et partaient après l'arrivée de « l'estafette ».
de Paris.

Le-Hambourg fit sa première traversée en 52 heures, et celle du retour en
53 heures. Il accomplit, plus tard, des
voyages en 50 heures.

Ce bateau est représenté dans un des-
sin d'André Durand, publié en 1841, et
fait le 1er juin 1839, au moment de son
entrée au port. Il était à deux mâts,
gréé en goëlette : sa cheminée, droite,
mince, et s'élevant jusqu'aux deux
tiers de la mature se terminait par une
bordure évasée et dentelée ; le tuyau
d'échappement de vapeur était surmonté d'un renflement en forme d'am-
phore : les tambours étaient assez élevés et très larges, l'arrière carré.

Développement des premières lignes de bateaux à vapeur — Organisation des services sur Brighton, Londres, Belfast, Dublin et Liverpool, Rotterdam, Dunkerque, Cherbourg, Copenhague et Saint-Pétersbourg — Les constructions navales au Havre de 1835 à 1840.

La période de notre histoire locale qui s'étend de 1835 à 1840 est marquée tout à la fois par le développement des lignes à vapeur déjà existantes, par la création de services nouveaux, dont la plupart subsistent encore, en même temps que par les succès nombreux et importants obtenus par nos chantiers et ateliers havrais.

C'est presque exclusivement vers les ports du Nord que se dirigent cette activité et ce rayonnement naissants. On voit nos relations avec l'Angleterre s'étendre par la création : 1° d'une ligne sur Brighton, desservie par les steamers *Queen-of-Netherland* (1835), *Mountaineer* (1836), à la consignation de MM. GUILLOU ET BERTRAN (départs 2 fois par semaine) ; 2° d'un service direct sur Londres, où l'on voit entrer successivement en ligne : la *Queen-Adelaïde*, capitaine Asken (1835), de 250 tonneaux et de 120 chevaux, consignataire DAWIDSON (prix du passage : 1re, 30 shillings ; 2e, 1 livre) ;

le *John-Wood*, capitaine Woodrupt, le *Monarch* (1836) (consignataire Wood, Hôtel Wheeler, Grand-Quai), la *Clyde* (1837).

En 1838, le *Phenix*, capitaine Cortnum, vapeur français, construit dans les chantiers de M. Normand, et mû par une machine due au constructeur anglais Barns vint faire, dans cette direction, concurrence aux steamers anglais. Ce beau navire, qui pouvait contenir 100 passagers de cabine, emporta à sa première traversée du Havre à Londres 60 voyageurs et 41 au retour ; il effectua ces deux trajets en 18 et 20 heures. Il se signala, plus tard, par une traversée de 16 heures. Le *Morning Herald* fit le plus grand éloge de ce vapeur et donna une relation de la fête qui eut lieu à bord pendant son premier séjour à Londres. Le *Phenix* fut visité par une foule de notabilités anglaises, membres du Parlement, commerçants, ingénieurs, qui, dans de nombreux toasts, adressèrent les plus chaleureux compliments aux constructeurs et aux armateurs. Le *Phenix* s'amarrait dans le bassin du Roi, quai Videcoq.

En 1837, M. Mousset était consignataire du steamer *L.-Beresford*, sur Southampton ; le *Calpe*, le *Grand-Turk*, capitaine Wrighton (consignataire Gillo), l'*Ariadne*, capitaine Fuzard (consignataire Chanoin), le *Cornubia*, prirent place successivement sur la ligne de Southampton de 1838 à 1839.

A la même époque débutèrent les départs sur Belfast avec l'*Athlône*, capitaine Brown (avec escale à Plymouth et Kingston), le *Thames*, capitaine William ; sur Dublin (avec escale à Plymouth), avec le *Britannia* et le *Leeds* ; sur Liverpool, Belfast et Dublin, avec le *Royal-William*, capitaine Swainson (R. N.) et le *Duc-de-Cambridge*.

Dès 1834, l'*Actif*, capitaine Pasquer, avait fait quelques traversées sur Rotterdam, avec escale à Dunkerque (consignataire LABOR Y PEREZ), Mais c'est seulement en 1839, lorsque la Compagnie, dont M. PH. ALBRECHT était le directeur, ajouta à sa flotte, déjà composée du *Havre* et du *Hambourg*, le *Paris*, de 600 tonneaux, et le *Rotterdam*, de 500 tonneaux, que ce dernier navire, doublé en bronze, fut spécialement affecté aux traversées entre le Havre et le Port Hollandais. Les départs avaient lieu tous les dix jours. (Prix du passage, 70 fr. en première et 45 fr. en seconde.) La même Compagnie assura, quelque temps après (1839), nos relations avec Anvers, par son steamer *Havre*, capitaine Verspecke. L'année précédente, le *Paris* avait été affecté à un service entre le Havre, Bordeaux et Hambourg.

La ligne de Bordeaux semblait alors particulièrement fructueuse et recherchée. En 1837, la Compagnie, dont MM. BALGUERIE ET Cᵉ étaient les agents, avait ajouté à *La-Garonne* et à *La-Gironde* la *Ville-de-Bordeaux*. Ce steamer, d'une capacité de 500 tonneaux, possédait une machine de 150 chevaux.

Il était en correspondance avec les autres steamers partant du Havre (passages 60 fr. en première, 45 fr. en seconde). Il fit son premier voyage de Bordeaux au Havre du 25 octobre 1837 au 5 novembre, après escale à Brest (Agence Centrale à Paris, chez MM. DELAMARE, MARTIN ET DIDIER).

Deux ans après, MM. ESCLAVY ET Cᵉ affectèrent aux traversées du Havre à Bordeaux la *Ville-de-Paris*, capitaine Lechartier.

En 1838, le steamer *Tage*, de 600 tonneaux, doublé en bronze, construit chez M. Normand et dont les machines, de 220 chevaux de force effective, sortaient de chez le constructeur anglais Cockerill, fut annoncé comme devant commencer un service entre le Havre et Saint-Petersbourg, avec escale à Copenhague. Mais il fut devancé par le *Paris*, capitaine Delarue, de la maison ALBRECHT, qui fut affecté, en septembre 1838, à des traversées entre le Havre, Elseneur, Copenhague et Saint-Petersbourg (prix du passage : 400 fr. et 300 fr. pour Saint-Petersbourg, 225 fr. et 175 fr. pour Copenhague).

Le *Tage*, qui était placé sous le commandement du capitaine Pitron, prit sa revanche l'année suivante. Il appartenait à une compagnie dont à l'origine M. HIPPOLYTE DUROSELLE était le directeur et M. P. GRANDIN, l'agent, mais à la tête de laquelle fut bientôt placé M. PH. ALBRECHT. Son premier départ eut lieu le 1ᵉʳ Juillet ; la durée des traversées variait entre cinq ou six jours, escales comprises.

L'organisation du service sur Saint-Pétersbourg reçut une grande publicité ; les avis de départ annonçaient que la compagnie avait obtenu, pour cette navigation « le privilège exclusif de S. M. l'empereur de toutes les Russies »,

A la même époque, des progrès très sérieux furent réalisés dans nos services côtiers. MM. ALEXANDRE BOSSIÈRE ET C⁰ établirent des relations régulières avec Cherbourg par les steamers *Océan*, capitaine Liard, et *Colibri*. MM. ED. CORBIÈRE et BROSTROM JEUNE inaugurèrent, en 1839, les départs pour Morlaix avec le *Morlaisien*, capitaine Moal, vapeur de 140 chevaux ; enfin, les traversées sur Dunkerque, commencées très irrégulièrement en 1833, par le vapeur *Estafette*, capitaine Audibert, furent effectuées périodiquement, à partir de 1836, par le steamer *Commerce-de-Lille*, capitaine Norsen (consignataires SERGENT ET C⁰), auquel le vapeur *Maréchal-de-Villars*, capitaine Vranken (consignataire MÉNARD-BARROIS, 20, rue des Viviers), vint faire concurrence l'année suivante. Ces navires partaient environ six fois par mois. Leurs traversées duraient 15 à 18 heures.

L'état du port du Havre n'était malheureusement pas, à cette époque, en rapport avec les progrès réalisés par les constructions navales. L'insuffisante largeur des écluses des bassins du Roi et de la Barre étaient, notamment, l'objet des plus vives doléances.

Le *Journal du Havre* se faisant l'écho des plaintes du commerce de la place signalait que M. Normand était obligé de faire des prodiges d'ingéniosité pour assurer aux navires construits dans ses chantiers et destinés au port du Havre une stabilité suffisante à cause de l'étroitesse d'entrée de nos bassins à flot, dont les tambours proéminents des navires à roues accentuaient considérablement les inconvénients. On établissait des comparaisons désagréables avec les progrès réalisés à l'étranger, et l'on se demandait avec inquiétude, en présence du succès obtenu par les transatlantiques anglais : *Sirius, Great-Western, Président-Washington* et *Herman*, si le Havre, placé dans l'impossibilité de recevoir ces « navires géants » n'était point destiné à perdre, à bref délai, ses communications directes avec New-York ; si même, attirés par les relations rapides des ports anglais avec les Etats-Unis, les navires du grand cabotage, venant du Nord de l'Europe, n'allaient pas peu à peu déserter notre port.

C'est à cette époque que commença une campagne très vive en vue de l'achèvement de l'écluse et du bassin de la Floride. On prétendait—fait assez humiliant pour l'amour-propre Havrais — que M. Normand n'étant point gêné par les mêmes préoccupations, avait eu beaucoup plus de facilités pour la construction du *Castor* et du *Pollux*, steamers destinés à faire le service entre Saint-Valery et Londres.

Nous sommes ainsi amenés à signaler, en passant, les progrès réalisés par nos chantiers et ateliers havrais. Le *Castor*, dont nous venons de parler, atteignit une vitesse de 12 nœuds 1/2 à ses essais ; l'*Hercule* (remorqueur), construit pour le compte de la Compagnie VIEILLARD, par M. Normand : les *Etoiles-N°-1* et *N°-2*, sorties des mêmes chantiers et munies de machines Barns, donnèrent également d'excellents résultats. Le dernier de ces navires fit un essai à 11 nœuds 1 4.

La construction des machines marines était également très en progrès dans notre ville.

Le constructeur parisien Cavé, auteur des machines de plusieurs des navires dont nous avons cité les noms, avait trouvé au Havre un émule et un concurrent. Son confrère et ami, M. François Mazeline, traça, en 1839, le plan de la machine du *National*, destiné à faire le service entre Harfleur et Honfleur.

Cette machine. la première qui fut entièrement construite au Havre, fut exécutée par MM. Mazeline frères et Lepage. Les roues, de dix pieds de diamètre, donnèrent trente tours à la minute. « MM. Mazeline et Lepage, lisait-on dans une relation des essais
» du *National*, n'emploient que des ou-
» vriers français qu'ils ont formés eux-
» mêmes et dont l'habileté ne redoute
» aucune concurrence ; leurs ateliers
» sont montés pour confectionner des
» machines de 140 chevaux. »

Les constructions navales au Havre en 1840.— Inventions nouvelles. — Développement des lignes existantes.

En 1840, le 13 juillet, avaient lieu les essais du *Honfleur*, dont les machines sortaient également de chez MM. Mazeline frères, elles étaient de 70 chevaux de force, à basse pression, et donnèrent, malgré la surface considérable des aubes, 32 coups de piston à la minute. Elles étaient à expansion et présentaient plusieurs particularités. D'abord, afin d'éviter l'oxydation, toutes les pièces exposées au contact de l'eau de mer étaient en fonte : les coffres de décharge étaient munis de clapets s'opposant à l'introduction de l'eau de mer : ensuite, ses excentriques étaient d'un nouveau genre, les colliers roulant sur un chape-let de rouleaux ne travaillant que sur leur zône. Il en résultait une économie de force et de durée. Enfin les aubes pivotantes de ce navire étaient d'une construction très simple et les pièces de forge d'une exécution facile, ce qui permit d'avoir des pièces de rechange et de remplacer à volonté les organes endommagés.

Constatons, en passant, et sans vouloir d'ailleurs empiéter sur un domaine qui n'est pas le nôtre, que les idéee étaient particulièrement tournées, à cette époque, vers tous les perfectionnements des machines à vapeur.

M. de Jouffroy, fils du marquis de Jouffroy qui, en 1782, expérimenta le premier pyroscaphe sur la Saône, venait de mettre en pratique l'invention d'une roue palmipède, ainsi décrite par le journal le *Commerce*. « Partant de cette idée fort simple que la nature, plus habile dans ses créations que l'homme dans ses copies, n'a jamais doté les animaux nageurs de rames agissant circulairement. M. de Jouffroy s'est proposé d'imiter le plus possible l'appareil des palmipèdes, et son navire est une sorte d'automate qui se meut sans produire, à la surface du fluide environnant, plus d'agitation et de remous que ne le fait le cygne, ou un *martin-pêcheur*.

« La goélette de même modèle, destinée à la navigation transatlantique, que les curieux peuvent voir sur la Seine, a 64 pieds de long, 16 pieds 1 2 de large, 17 de tirant d'eau et jauge environ 120 tonneaux. Son aire de résistance est de 10 mètres carrés. Pour un navire de mer de cette dimension, mû à l'aide des roues à palettes en usage, il faudrait, pour arriver au même résultat, déployer une force motrice de 77 chevaux vapeur. Or, la force employée dans les essais n'a été que de 15 chevaux.

Ce navire a remonté facilement le courant de la Seine à la vitesse de 10 à 11 kilomètres par heure : cette vitesse pourra être portée à 15 ou 16 kilomètres avec une dépense de combustible à peine égale à la moitié de celle des bateaux à roues du même genre.

Cette invention fut soumise à l'appréciation d'une Commission composée de MM. Arago, Sezine, Pomelier et Ch. Dupin.

A la même époque la *Litterary Gazette* signalait un projet au moins aussi original. Il s'agissait d'un navire sans organes propulseurs en dehors de la carène, et mis en mouvement par une roue semblable à la turbine employée dans les industries se servant de l'eau comme force motrice.

« Ces bateaux d'un nouveau genre, disait le journal anglais, n'ont pas de roues ni d'ouvrages extérieurs d'aucune espèce. Toute la machine se trouve dans la cale du navire où est placée une roue horizontale mue par la puissance de la vapeur et agissant sur un courant d'eau qui, entrant par l'avant et sortant par l'arrière, ajoute une grande rapidité à la marche du navire.

» Au moyen d'un procédé aussi ingénieux que simple le navire peut se tourner dans tous les sens et sa marche peut être accélérée, ralentie ou même entièrement arrêtée à volonté. »

*
* *

En 1839, la Compagnie Albrecht mit en service, d'abord sur Rotterdam et plus tard sur Saint-Pétersbourg, le beau steamer *Amsterdam*, capitaine Audibert. Les vapeurs de cette Compagnie s'amarraient bassin du Roi, en face de l'Arsenal, à l'endroit où a été établi, plus tard, le poste des bateaux de Liverpool,

L'*Amsterdam* est représenté dans une des gravures de l'ouvrage de Morlent : c'était un navire à forme fine, à l'avant très effilé, gréé en brick-goëlette ; sa cheminée, très haute et très fluette, était placée très en arrière des tambours et de la passerelle.

A cette époque, les services que dirigeait M. Albrecht prirent comme raison sociale « Société l'Europe » et ajoutèrent à leurs lignes de Saint-Pétersbourg des départs bi-mensuels sur Lisbonne, Cadix et Marseille avec les vapeurs *Tage* et *Amsterdam*, en correspondance, à Marseille, avec les vapeurs de M. Max Fraissinet sur Civita-Vecchia et Naples. (Prix du passage du Havre à Lisbonne 300 et 200 fr. ; du Havre à Cadix 350 et 250 fr. On payait les tarifs en vigueur de Cadix à Marseille et aux ports italiens). La Russie et le Danemarck se trouvèrent ainsi reliés au Sud de l'Europe par une ligne de steamers français.

La perte du « Phénix » — Une cause célèbre — Statistiques — Le transport des cendres de Napoléon à bord de la « Normandie »

Le 25 octobre 1840 se produisit un sinistre maritime qui eut un retentissement considérable : le steamer français le *Phenix*, capitaine Lefort, allant de Londres au Havre, venait d'être coulé, dans la nuit, par le steamer anglais *Britannia*, de la ligne concurrente, allant du Havre à Londres.

La nouvelle de la perte du *Phenix* causa au Havre une sensation profonde, bien qu'on ait su, dès le premier moment, qu'elle n'avait point fait de victime. La population maritime était, en effet, très fière de ce beau navire, qu'elle considérait comme le chef-d'œuvre de M. Normand, et qui avait pris une supériorité marquée sur les paquebots de la ligne anglaise concurrente.

D'autre part, les souvenirs qu'avaient laissés sur nos côtes les guerres avec l'Angleterre, les blocus et les bombardements du Havre par ses flottes et, surtout, les ressentiments encore inapaisés, qu'avaient fait naître, dans les familles de nos marins Havrais, les odieux traitements infligés aux prisonniers français sur les pontons anglais, pendant les guerres de la Révolution et de l'Empire, étaient bien de nature à surexciter les passions au plus haut degré.

On avait appris ce sinistre par des lettres de deux passagers français et d'un passager anglais parvenues au Havre les 26 et 29 octobre. Le 29 octobre 1840, MM. GUILLOU ET BERTRAND, propriétaires de ce beau vapeur, recevaient le rapport du capitaine Lefort, précédé d'une lettre dans laquelle la manœuvre du steamer abordeur *Britannia* était qualifiée d'incompréhensible.

D'après le rapport, le *Phénix*, qui avait quitté Londres à 9 heures 1/4 du matin, se trouvait, à 8 heures 1 4 du soir, à 3 milles environ au sud du feu de Dungeness, marchant à 9 nœuds environ, par un vent de Nord-Ouest, faible brise. Vers 9 heures, après avoir évité quelques bateaux de pêche, le capitaine Lefort aperçut un feu de navire par le bossoir de tribord, et donna l'ordre de laisser arriver pour passer encore à une plus grande distance de ce feu. Il reconnut que c'était celui d'un navire qui devait courir bâbord amures. Ses voiles étaient dehors, mais au lieu de loffer en venant sur bâbord, ce qui l'aurait éloigné du *Phénix*, il semblait au contraire vouloir laisser arriver. Le capitaine Lefort le héla plusieurs fois pour le faire loffer, mais inutilement. L'avant du *Britannia* frappa perpendiculairement le *Phénix* par le travers de l'écoutille de la cale avant, 3 pieds sur l'avant du grand bau à tribord.

Le *Britannia* vint s'élonger contre le

Phénix, et, avec son côté de babord,
avaria le tambour et la roue de tribord
du vapeur français. Malgré les efforts
faits pour boucher le trou, et le jeu des
pompes, la machine fut envahie par
trois pieds d'eau. Il fallut mettre les
embarcations à la mer pour sauver les
passagers et l'équipage. Lorsque, le dernier, le capitaine quitta son navire, l'a-
vant était déjà plongé dans l'eau jusqu'au mât de misaine ; il sombra quelques secondes après. L'équipage et les
passagers du *Phénix* furent recueillis à
bord du *Britannia* qui n'avait reçu que
des avaries insignifiantes et qui arriva
à Londres le 26.

La cargaison, d'une d'une valeur de
200,000 fr. et tous les effets des passagers furent perdus. M. Guizot, qui devait prendre passage sur le *Phénix*,
avait dû prendre, au dernier moment,
la voie de Calais. Ses voitures, ses effets et les dépêches qui avaient été con-
fiées à une personne attachée à l'am-
bassade, furent perdus dans ce naufrage.

Cet événement était d'autant plus dé-
plorable que, suivant la règle adoptée
par toutes les Compagnies de steamers
du Havre, le *Phénix* n'était pas assuré.

Plusieurs journaux anglais, notamment le *Standard*, cherchèrent à rejeter
la responsabilité de ce sinistre sur le
capitaine Lefort, en prétendant que le
Phenix avait un fanal à son grand mât
et deux autres sur ses tambours vers le
centre du navire, qui jettaient une

grande lumière sur le bord et qui
avaient pu éblouir les yeux du timon-
nier et le tromper sur la direction que
suivait le navire français.

Les journaux de notre ville firent ressortir toute l'invraisemblance de cette
version, d'où il paraissait d'ailleurs ré-
sulter implicitement que le capitaine
anglais n'était pas à son poste. De plus.
une lettre écrite au *Journal du Havre*
par un parisien, M. Dufour, tailleur.
rue Saint-Denis, vint signaler que le
Britannia était coutumier du fait. M.
Dufour affirma, en effet, que, se trouvant
à bord du *Britannia* en août 1839, il
fut témoin de l'abordage de ce navire
avec une embarcation pontée qu'il dé-
mâta dans la Tamise, par suite du dé-
faut d'attention du pilote-timonier dis-
trait, et de l'absence du capitaine sur
le pont. M. Dufour citait comme autre
témoin de ce fait le fils d'un aide de
camp de Louis-Philippe, qui se trouvait
avec lui à côté du timonier, au moment
de l'accident.

L'affaire fut portée devant le tribunal
de commerce du Havre. Une foule consi
dérable se pressait dans la salle d'au-
dience lorsqu'elle fut appelée, le 19
janvier 1841. M. Hermé présidait. MM.
Guillou et Bertrand, armateurs du *Phœ-
nix*, réclamaient à la Compagnie anglaise propriétaire du *Britannia*, 700,000
francs de dommages et intérêts, par
l'organe de Mᵉ Robion, avocat au barreau du Havre. La Compagnie anglaise
et M. Stranack, capitaine du *Britannia,*

étaient défendus par une des célébrités
du barreau parisien, M° Ch. Dupin, dé
puté.

Le tribunal commença par rejeter
l'exception d'incompétence formulée par
M° Dupin et, après de longs débats,
rendit, plusieurs semaines après, un
jugement qui appréciait, dans les termes
suivants, les explications fournies par
le capitaine anglais :

« Attendu qu'il est impossible que
» l'abordage ait eu lieu comme le rap-
» porte le capitaine Stranack ; qu'on ne
» s'explique pas, en effet, comment,
» dans la position où se trouvaient les
» deux navires au moment de l'événe-
» ment, le « *Phénix* », *en travers sous le*
» *vent*, aurait pu courir sur le « *Bri-*
» *tannia* », *au vent* ; qu'il aurait donc
» fallu qu'il marchât en travers, ce qui
» est inadmissible ; que la nature et le
» siège des avaries du *Phénix* prouve
» que c'est le *Britannia* qui, lorsque le
» *Phénix* dans son aire avait le cap au
» Sud, est venu le frapper perpendicu-
» lairement avec son avant. »

En conséquence, la Compagnie anglaise perdit son procès. Elle fit appel
devant la Cour Royale de Rouen et y fut
représentée par M° Deschamps. M° Sé-
nard plaidait pour les armateurs du
Phénix. Le jugement du tribunal du
Havre, qui condamnait la Compagnie
anglaise à payer à MM. Guillou et Bertrand la somme de 700,000 fr., fut purement et simplement confirmé par la
Cour. La Compagnie anglaise, usant

de la faculté que lui donnait la loi française, déclara alors faire abandon du
navire coupable et du fret.

MM. Guillou et Bertrand se rendirent
aussitôt en Angleterre où ils s'attendaient
à rencontrer de nombreuses difficultés ;
mais la Compagnie anglaise, qui avait
intérêt à ne point se créer en France
une situation impossible, s'exécuta d'assez bonne grâce. Aussi, un beau matin,
les guetteurs du sémaphore signalèrent-
ils un gros navire qu'ils connaissaient
bien, mais qui leur semblait offrir une
particularité inexplicable : il avait
changé de pavillon, « chose inouïe, dit
le *Journal du Havre*, l'union Jack ne
flottait plus à sa poupe ; le pavillon ba-
riolé des trois royaumes ne protégeait
plus l'enfant de la Tamise, et c'était bel
et bien le pavillon français qui l'avait
remplacé. C'était le *Phénix* qui renais-
sait de ses cendres ».

Malheureusement, MM. Guillou et
Bertrand se trouvèrent, une fois en pos-
session du *Britannia*, en présence d'une
difficulté aussi grave qu'imprévue. La
législation en vigueur s'opposait, en
effet, à la francisation de tout navire
construit à l'étranger. De telle sorte que
le *Britannia*, renié par les Anglais,
n'aurait porté qu'un jour, et encore illé-
galement, notre pavillon nationnal ! La
valeur du navire était, heureusement,
assez considérable pour dédommager les
armateurs français d'une partie de leur
perte.

Telle fut l'affaire du *Phénix*, qui passionna le public havrais au plus haut point, et dont on continua à parler pendant plusieurs années. Beaucoup de marins s'obstinèrent à croire, bien que rien de précis ne permit de l'affirmer que la malveillance et la jalousie n'étaient point étrangeres à ce sinistre.

**
* **

Le public éprouvait encore, à cette époque, certaines appréhensions à voyager sur les navires à vapeur, principalement à cause des dangers d'incendie ou d'explosion.

Ces périls étaient encore assez grands. Ainsi, en 1838, six navires anglais firent explosion, et, à peu près à la même époque, plusieurs steamers américains sautèrent ou prirent feu sur le Mississippi. Cependant, ces risques étaient moins considérables qu'on ne serait porté à le croire à une époque où les chaudières paraissaient n'offrir qu'une sécurité très relative.

En effet, il résultait d'une enquête faite par l'Amirauté anglaise, en 1838, que le nombre des navires de cette nationalité était :

<pre>
en 1817.......... de 14
 — 1822.......... — 85
 — 1827.......... — 255
 — 1832.......... — 324
 — 1838.... .... — 766
</pre>

Or, le chiffre des personnes ayant péri pendant ces 21 ans, par suite d'acci-

dents survenus à des navires à vapeur,
était de 576, et, dans ces sinistres, sont
compris un certain nombre de naufra-
ges dus à des circonstances complètement indépendantes du fonctionnement
des machines.

Il est nécessaire d'ajouter, toutefois,
que les steamers étaient encore, pour
la plupart, de dimension restreinte et
que leurs traversées étaient relativement courtes. C'est à peine, en effet, si
les premiers steamers transatlantitques
avaient pu faire leurs preuves.

La fin de l'année 1840 fut marquée
par un événement considérable : la
translation des cendres de Napoléon, de
Sainte-Hélène à Paris. Le cercueil de
l'Empereur avait été rapporté à Cherbourg par la frégate *La-Belle-Poule*.
C'est le steamer *Normandie*, capitaine
Bambine, du port du Havre, escorté par un
autre de nos steamers, le *Courrier*, qui
eut l'honneur de recevoir ce glorieux
fardeau et de le porter en Seine jusqu'au
val de la Haye, après avoir passé à
l'ouvert des jetées de notre port. On
lira sans doute avec intérêt le récit de
ce voyage, que nous avons retrouvé
dans les journaux du temps.

Translation des cendres de Napoléon de Sainte-Hélène à Cherbourg — La « Belle-Poule » — Le transport de Cherbourg à Paris — La « Normandie » — Le passage du convoi à l'ouvert des jetées du Havre — L'arrêt à Quillebeuf — Le transbordement sur la « Dorade n° 2 ».

Le gouvernement de Louis Philippe avait décidé, à la suite d'un accord avec l'Angleterre, la translation du corps de l'Empereur, de Sainte-Hélène — où il reposait depuis le 5 mai 1821 — dans la chapelle des Invalides. La frégate la *Belle-Poule*, qui était alors aux Antilles, reçut l'ordre de se rendre à Sainte-Hélène. Le prince de Joinville fut délégué pour recevoir la dépouille mortelle de Napoléon.

L'exhumation eut lieu en présence du prince, des généraux Bertrand et Gour-

gaud, compagnons fidèles de l'exilé, et
de l'équipage de la *Belle-Poule* tout en-
tier. Le corps était enfermé dans quatre
cercueils : le premier était légèrement
endommagé ; le second, en plomb, fut
trouvé en bon état, il en renfermait
deux autres, l'un en bois, l'autre en fer
blanc. Ce dernier était tapissé d'un re-
vêtement de satin qui s'était détaché et
entourait le corps comme d'un linceul.
« Lorsqu'elle fut soulevée, dit le *Mes-*
» *sager*, la dépouille de Napoléon ap-
» parut dans un parfait état de conser-
» vation : une seule tache indiquait un
» commencement de décomposition et
» altérait l'un des traits du visage : l'u-
» niforme était intact ; entre les jam-
» bes, au-dessous du légendaire cha-
» peau, se trouvaient deux vases d'ar-
» gent renfermant l'un, le cœur, l'au-
» tre, l'estomac. L'une des mains était
» restée légèrement soulevée ».
Partie le 18 octobre 1840 de Sainte-
Hélène, la *Belle-Poule* atteignit Cherbourg, après une traversée de quarante-
deux jours. La frégate fut visitée par
une foule considérable, au milieu de laquelle figuraient beaucoup de nos conci-
toyens amenés du Havre par le *Ham-*
bourg et le *Morlaisien*.
Le gouvernement avait affrété le vapeur *Normandie*, capitaine Bambine,
affecté au service du Havre à Rouen,
pour transporter le corps de Cherbourg
jusqu'au Val de la Haye, en Seine. Ce
navire avait reçu, dans l'Arsenal, des
aménagements spéciaux à cet effet. Le

Rodeur, de la Marine Royale, les vapeurs *Courrier* et *Seine*, du port du Havre, avaient été désignés pour convoyer la *Normandie* et transporter l'escorte. Cette flottille, immobilisée à Cherbourg pendant quelques jours, par suite des rigueurs de la saison, se mit en marche dans la nuit du 8 au 9 décembre 1840.

Le cortège devant défiler en vue du port du Havre, les autorités locales, le régiment de ligne, la garde nationale, avaient été convoqués pour le 9 décembre au matin, sur la jetée Nord et la place de Provence.

Malgré l'affreux état des chemins, la garde nationale de Montivilliers, au grand complet, avait marché toute la nuit et arriva au Havre à six heures pour joindre son salut à celui de la garde citoyenne du Havre.

La flottille fut signalée au large, par les guetteurs de la Tour François-Ier, vers 6 heures 1 2 du matin, elle était en avance d'une heure au moins, ce qui occasionna un certain désarroi parmi les autorités civiles. Vers 7 heures, la *Normandie*, pavoisée de drapeaux tricolores, depuis le pont jusqu'à la pomme des mâts, mit le cap sur la Tour et gouverna pour passer le plus près possible des jetées. Elle se présentait alors de trois quarts par rapport à la terre et le tambour de babord dérobait la chapelle ardente à tous les regards. Mais, lorsque son navire fut arrivé à faible distance de la jetée Nord, le capitaine

Bambine le fit lentement revenir sur
tribord. C'est alors qu'apparut, sur le
gaillard d'arrière, le vaste cercueil, recouvert d'une draperie noire à croix
blanche et éclairé par des fanaux ar-
dents.

« A ce moment, dit le *Journal du Havre*
» du 9 décembre 1840, auquel nous avons
» emprunté les détails qui précèdent,
» le soleil se levait au-dessus des colli-
» nes qui ferment le lit de la rivière et
» faisait pâlir les flammes funéraires ;
» ses rayons dorés tombaient sur la
» chapelle ardente, d'où semblaient jail-
» lir des milliers d'étincelles. Le cer-
» cueil apparaissait comme entouré
» d'une atmosphère lumineuse d'où s'é-
» chappaient en éclairs les reflets de la
» couronne d'or qui surmontait le drap
» mortuaire. Napoléon rentrait en
» France ceint d'une auréole de lu-
» mière, et c'était le soleil d'Austerlitz
» qui saluait le retour du héros. »

Une salve d'artillerie salua la *Normandie* à son entrée en Seine. Le navire s'arrêta à l'extrémité de l'arrondissement du Havre, en face de Quillebeuf,
à l'endroit qui reçut le nom de « Port-
Jérôme » et où fut élevée, plus tard, une
colonne commémorative. Du côté de
Quillebeuf étaient rangées les gardes na-
tionales de Pont-Audemer, Saint-Aubin,
Sainte-Opportune et de toutes les loca-
lités jusqu'à Trouville. Sur la rive op-
posée, la garde nationale de Lillebonne
et des communes voisines présentaient

les armes. Pendant cet arrêt, un fait se produisit, qui toucha profondément l'assistance : on vit tout à coup de vieux soldats des guerres de la Révolution et de l'Empire se précipiter dans l'eau, malgré l'intensité du froid et se cramponner à la *Normandie* pour voir de plus près le cercueil du général qui les avait tant de fois conduits à la victoire.

La *Normandie* continua sa route jusqu'au Val-de-la-Haye, où le corps fut transporté sur le vapeur *Dorade-n⁰-2*.

Quelque temps après, une sorte de cénotaphe à jour, avec inscription commémorative, fut érigé sur la *Normandie*. Une plaque de cuivre laminé et poli, de 2 mètres 28 sur 70 centimètres, fut placée sur le capot, à l'emplacement des planches qui supportaient le cercueil, elle était entourée d'une balustrade rectanguluaire de 50 centimètres, surmontée de cassolettes thuriféraires et ornée de croisillons, avec, en relief, un aigle et un N couronné. Au centre figurait un tumulus antique, ombragé de saules, surmonté de l'épée et du petit chapeau, et encadré d'un morceau d'acajou provenant du cercueil de Sainte-Hélène.

Ce monument, dont toutes les parties étaient en cuivre, était recouvert d'une grande croix diagonale de forme bombée ; il avait été exécuté dans les ateliers de MM. Mazeline frères.

Telle fut la part prise, dans notre région, à cet événement considérable qui laissa dans l'esprit de tous les specta-

teurs une impression profonde. Autour
du cercueil de Napoléon, et derrière
les drapeaux qui formaient, au-dessus du pont de la *Normandie*, comme
une crinière tricolore, les imaginations
émues croyaient voir, comme dans une
vision, défiler tous les héros des guerres de la République et de l'Empire, et
briller toutes les gloires dont le temps
semblait à la fois avoir conservé tout
l'éclat et effacé les amertumes.

Progrès dans les constructions navales en France et à l'étranger — Les premiers vapeurs à hélice construits au Havre — Le « Napoléon » — La « Bretagne » — Statistiques

C'est en 1841 que le gouvernement français songea à doter notre flotte de guerre du premier navire à hélice. M. Normand avait pris l'initiative d'une proposition dont M. Humann, ministre des finances, fut le plus chaud défenseur, et qui aboutit à la commande d'une goëlette à vapeur mue par le propulseur nouveau que les Anglais avaient déjà appliqué au steamer *Archimede*.

Le lancement du nouveau navire, qui reçut le nom de *Napoléon*, eut lieu le 6 décembre 1842. « Son bord — lisons-

» nous dans un compte rendu de cette
» cérémonie — est franc de bout en
» bout et ne présente ni cet énorme bau
» faisant saillie, ni ces lourds tam-
» bours coupant si disgracieusement les
» lignes de la carène. On n'y voyait
» point ce renflement du ventre qui in-
» dique le point où se fait tout l'effort
» de l'impulsion, et rien ne gênait le
» coup d'œil qui, d'une extrémité à l'au-
» tre y glissait le long de ses courbes
» élégantes. »

On admira beaucoup, au moment de
la mise à l'eau, la légèreté et la
finesse des proportions du *Napoléon*.
Gréé en trois-mâts goëlette, il avait
47^m,50 de longueur, 3^m,60 de tirant
d'eau, et fut pourvu d'une machine de
120 chevaux. L'hélice avait un diamètre de 2^m,29. Le *Napoléon* donna, à son
essai préparatoire, une vitesse de 9
nœuds 8 dixièmes, avec vapeur et voiles. « Par un phénomème nouveau, lisait-on dans une relation de cette expérience, le nombre des coups de piston
ne paraît influer en rien sur la force de
la machine ; en outre, à certains mo-
ments, le navire sur son aire prend une
vitesse supérieure à celle de l'hélice. »
Au second essai, l'hélice ayant été
changée, la vitesse obtenue fut supérieure à 10 nœuds ; au troisième essai,
à toutes voiles et à toute vapeur, elle
s'éleva à 12 nœuds 4.

Les ornements de la guibre et du
couronnement, œuvre du sculpteur havrais Haumont, étaient de véritables

œuvres d'art Sur l'avant, et de chaque
côte de la poulaine, était placé un aigle
aux ailes déployées, exécuté en bas relief ; à l'arrière, dans un médaillon
supporté par des figures allegoriques,
était placé le portrait de Napoléon.

Le 21 juin 1843, le navire partit du
Havre pour Cherbourg, où il arriva
après une traversée de sept heures.

« On sait, disait le *Phare de la Man-*
» *che* du 30 juin, que c'est le premier
» bateau en fer auquel on applique le
» nouveau système de propulsion con-
» sistant en une vis à *hélyce* mue par la
» vapeur et qui, placée à l'arrière et
» immergée, tourne dans l'eau avec une
» vitesse considérable, de manière à
» faire filer au navire dix ou onze
» nœuds ».

A Cherbourg, le *Napoléon*, ayant à
bord une Commission comptant parmi
ses membres MM. Conte, directeur gé
néral des postes, et la Gatinerie, chef
du service de la marine, fit trois fois le
tour de la rade à 11 nœuds. Il effectua,
quelque temps après, son voyage de début entre le Havre et Toulon, du 15 octobre au 10 novembre, avec escale aux
principaux ports de France, d'Espagne
et du Portugal, à une allure régulière
de 10 nœuds.

La Marine commerciale suivit rapidement cet exemple, et, le 26 juillet, on
lança des Chantiers du Perrey, pour le
compte de la Compagnie d'Ille-et-Vilaine, le steamer *Bretagne*, destiné à

faire un service régulier entre le Havre et Saint-Malo. Sa machine, construite par M. Pauwels, était de 120 chevaux, l'hélice était du système américain Erickson.

D'après les descriptions que nous avons retrouvées, cette nouvelle hélice « au lieu de former un pas de vis con-
» tinu s'enroulant autour d'un axe
» comme celle de Sauvage, consistait
» dans un tambour évidé dans la surface
» extérieure duquel ont été placées plu-
» sieurs sections de vis espacées au
» nombre de six sur toute la circonfé-
» rence, afin d'éviter des frottements et
» pour obtenir plus de force ».

MM. FRÉDERIC DE CONINCK ET Ce étaient, au Havre, les agents de la Compagnie d'Ille-et-Vilaine.

Les Anglais, de leur côté, ne s'endormaient pas sur leurs premiers succès, multipliant les expériences, et maintenant leur avance sur les autres nations maritimes.

On venait d'expérimenter, en Angleterre, un nouveau propulseur, système Blacland, consistant, d'après les journaux anglais, en plusieurs plans inclinés à angle droit sur un arbre de révolution horizontal placé comme l'hélice à l'arrière du navire et au-dessous de la flottaison en avant de l'étambot et à peu près parallèlement à la quille.

On commençait également, de l'autre côté de la Manche, à appliquer l'hélice à la navigation transatlantique sur un grand steamer construit à Bristol, d'abord dénommé le *Mammoth*, et qui prit plus tard le nom de *Great-Britain*. Il avait 320 pieds de long, 32 de creux, un tirant d'eau de 16 pieds. Son hélice était mise en mouvement par quatre machines de 250 chevaux.

Ce steamer, à six mâts, fit ses premiers essais, par très gros temps, entre Bristol et Douvres. Sa vitesse varia entre 4 nœuds 3/4 en pleine tempête et dans des circonstances où un navire à aubes eût été complétement paralysé, et 13 nœuds 2/3 par temps calme.

Le *Times* faisait remarquer, à ce sujet, que, par grosse mer, les roues avaient le désavantage, par suite du roulis, de plonger ou de sortir complétement de l'eau, ce qui paralyse la machine ou bien la fait partir tout à coup avec une vitesse occasionnant souvent des avaries considérables ; que dans les essais du *Great-Britain*, malgré le tangage, l'hélice n'était jamais sortie complétement de l'eau, et que la machine n'avait jamais varié de plus d'un demi coup à un coup de piston par minute.

Le même journal, quelques jours après, publiait une intéressante statistique portant sur le nombre, les dimensions et la force des vapeurs existant, en mars 1845, dans les divers pays. Elle contenait les renseignements suivants en ce qui concerne les ports français : *Calais*, 3 steamers. *Havre*, 41, de 43 à 231 tonneaux, dont 12 construits en Angleterre ; *Granville*, 1 ; *St-Malo*, 2 de 35 à 60 tonneaux ; *Brest*, 2, plus 2 corvettes et 3 frégates (transatlantiques à roues) ; *Nantes*, 20. de 22 à 156 tonneaux et de 12 à 70 chevaux : *Bordeaux*, 27, de 27 à 85 tonneaux et de 11 à 20 chevaux ; *Marseille*, 10, de 240 à 600 tonneaux et de 60 à 160 chevaux.

Les progrès de la navigation à vapeur — Perfectionnement de l'hélice — Le « Comte d'Eu » — Le lancement du « Dock flottant » — Le « Finistère » — Les machines de « l'Ariel » de la « Pomone » du « Roland ».

De 1841 à 1850, les ateliers et Chantiers du Havre apportèrent une contribution très importante au perfectionnement de l'hélice et au progrès de la navigation à vapeur.

Grâce aux efforts de l'initiative privée, un complément indispensable fut même apporté au début de cette période à l'outillage du port du Havre, complètement dépourvu encore de formes de radoub.

M. Normand fut, en effet, chargé par MM. Frédéric de Coninck et Cⁿ, d'un travail délicat, qui était presque une nouveauté. Il s'agissait de la construction du bassin de carénage en bois qui a subsisté jusque dans ces dernières années et que toute notre population a connu sous le nom de *Dock Flottant*. Ce dock fut lancé le 31 juillet 1844, de la cale du bassin de la Barre ; il entra majestueusement dans l'eau, après avoir glissé avec la plus grande facilité sur douze coulisses, et fut fixé en face du quai d'Orléans à proximité de l'endroit qui porta pendant longtemps la dénomination de *Petit Nord*. Deux passerelles, placées sur un ponton, le mettaient en communication avec la terre.

Ce Dock fut inauguré, le 11 novembre suivant, par le trois-mâts américain *Duchesse-d'Orléans*, de la ligne de New-York, qui y pénétra avec toute sa mâture et son lest, représentant un poids total d'environ 850 tonneaux.

Au commencement de 1846 (9 janvier) eut lieu, du même chantier, le lancement du vapeur en fer, le *Finistère*, destiné à doubler le *Morlaisien*, sur la ligne de Morlaix.

Ce navire offrait les particularités suivantes : l'étrave, la quille et l'étambot, présentant un développement de 55 mètres de longueur, avaient été forgés d'une seule pièce et sans écarts ; les membrures, en fer d'angle et d'un fort échantillon, étaient dressées sur cette longueur, en offrant entre elles un rapprochement devant donner au navire un très grand degré de force et de solidité. La cale se composait de quatre ou cinq compatiments fermés par des cloisons en tôle complètement étanches.

Ce navire étant destiné à s'échouer journellement, six rangs de carlingues en tôle avaient été établis et liés sur les varangues pour supporter le poids de la machine.

La machine, construite à Londres chez MM. Masser Ravenhill et C°, était à cylindres oscillants et à chaudières tubulaires, avec aubes mobiles. Elle était d'une force nominale de 120 chevaux, qu'on espérait doubler en y apportant certains perfectionnements qui venaient d'être essayés.

L'opération de la mise à l'eau, qui devait avoir lieu dans le courant de la matinée, fut reculée d'une marée, à cause du mauvais temps, et les Havrais purent assister au spectacle, peut-être sans précédent, d'un lancement aux flambeaux. Ce réveillon d'un nouveau genre avait attiré un public considérable : les dames étaient, d'après les compte-rendus, particulièrement nombreuses.

A la fin de la même année, eut lieu, aux Chantiers Normand, la mise à l'eau du yacht-aviso *Comte-d'Eu*, destiné au roi Louis-Philippe.

Ce vapeur fut lancé le 20 décembre, à neuf heures et demie du matin ; la bénédiction fut donnée par le clergé d'Ingouville, assisté de l'abbé Gavel, chanoine de Saint-Denis.

Ce navire avait 63 mètres 30 de longueur, 10 mètres 90 de largeur, 6 mètres 30 de hauteur. Il était à hélice et gréé en trois-mâts pieu. La machine, de

320 chevaux, sortait des ateliers du Creusot. Elle avait quatre cylindres oscillants et ses chaudières, à système tubulaire, étaient en cuivre. Elle communiquait le mouvement à l'hélice au moyen d'un engrenage destiné à multiplier la vitesse, en régularisant la répartition de la force.

La coque, ainsi que les barrots du pont et du faux-pont, étaient en métal ; seuls, les plate-forme, lambris et autres ouvrages d'acastillage étaient en bois.

Pendant ce temps, nos ateliers de construction de machines ne restaient point inactifs.

En 1845, MM. Mazeline frères confectionnèrent plusieurs types d'hélice, dont un de leur invention, dans le but d'effectuer des expériences comparatives.

Leur type d'hélice fut d'abord expérimenté à l'aide d'une machine de 6 chevaux conçue par M. François Mazeline. qui fut placée sur le petit steamer *Ariel,* de 20 tonneaux de jauge environ.

D'après une description qui en fut faite à cette époque, ce moteur était à action simple et directe. ne comportant aucun engrenage ; les bielles étaient renversées et leur ingénieuse inclinaison par rapport aux cylindres permettait à la machine, qui reposait sur une plate-forme, de ne fatiguer que très peu le navire.

Les chaudières tubulaires étaient placées à l'avant ; cet ensemble tenait si peu de place qu'aucune des pièces de la machine en action ne dépassait le plat bord pourtant peu élevé de l'embarcation.

Cet essai donna de très bons résultats, et, en 1846, l'hélice Mazeline fut expérimentée, à Cherbourg, sur la *Pomone*, en présence du prince de Joinville. Ce navire lutta pendant deux jours avec les frégates *Gomer* et *Chaptal* et remporta sur elles un avantage marqué.

La même année, la Marine nationale se livra à des essais sur les divers types d'hélices, à Toulon. Le *Roland*, de 60 mètres de longueur sur 10 mètres de large et 4 m. 50 de tirant d'eau, fut muni d'une machine et d'une hélice sortant des ateliers Mazeline. Cet appareil, à expansion variable, comportait deux paires de cylindres agissant séparément par couples, et permettant de n'employer qu'une partie de la vapeur quand il était possible d'utiliser les voiles. En cas d'avarie d'une partie de la machine, l'autre conservait toute sa force qui pouvait être portée à 300 chevaux. Ce navire pouvait porter dix jours de combustible et franchir, à 10 nœuds en moyenne, une distance de 800 lieues marine. Sa vitesse maxima était de 12 nœuds.

Le chemin de fer de Paris à Rouen et de Rouen au Havre — Influence sur la navigation à vapeur

Pendant cette période se produisit un fait qui apporta un nouvel élan au développement de la navigation à vapeur au Havre.

Nous ne savons malheureusement que trop, dans notre ville, alors que nous ne possédons encore aujourd'hui qu'une seule ligne de chemin de fer à grand trafic, quelle importance capitale les facilités de communication avec l'intérieur présentent pour un grand port. Il est donc nécessaire de rappeler ici, en les accompagnant de quelques détails, les conditions dans lesquelles fut établie la voie ferrée entre le Havre et Paris : aussi bien pourra-t-on voir, par la suite, qu'un grand nombre de Compagnies maritimes n'attendaient que la réalisation de ce progrès pour créer de nouveaux services ou améliorer ceux qui fonctionnaient déjà ; que, notamment, c'est pour cette raison que les lignes de vapeurs transatlantiques, depuis si longtemps à l'étude, étaient restées jusque-là à l'état de simple projet.

C'est le 4 mai 1843 qu'avait eu lieu l'ouverture de la ligne de Paris à Rouen. Cette inauguration s'était effectuée avec une grande solennité. Elle fut présidée par le duc de Nemours (qui avait, l'avant-veille, inauguré la ligne d'Orléans).

A cette occasion, des fêtes aussi nombreuses que variées, auxquelles la Municipalité du Havre fut conviée, avaient été organisées au chef-lieu. Parti de Paris le 3 mai, à neuf heures du matin, le train officiel arriva à Rouen à une heure après midi : il contenait 600 personnes, dont deux ministres, le président de la Chambre des Pairs et celui de la Chambre des Députés. L'ambassadeur d'Angleterre figurait parmi les invités. On sait, en effet, que la ligne avait été construite par une Compagnie anglaise, dont M. Locke était l'ingénieur en chef.

Dans le discours qu'il prononça à l'Hôtel de Ville, le duc de Nemours laissa espérer le prolongement, à bref délai, de la ligne jusqu'au Havre. « Il fallait, dit-il, à la richesse, à l'industrie, à l'activité toujours croissante de la ville de Rouen et de ce département, une voie plus rapide. La voilà faite. Rouen est maintenant aux portes de Paris comme il sera bientôt sur le rivage de la mer ».

L'ouverture de la ligne de Paris à Rouen améliora sensiblement la situation du port du Havre, en ce qui concerne les voyageurs, surtout à partir de 1845, époque à laquelle les deux Sociétés de diligences qui desservaient le Havre, c'est à dire les Messageries Générales de France (Caillard et C⁰, 30, rue Saint-Honoré, Paris) et les Messageries Royales (1), organisèrent des voyages pour Paris sans transbordement, les voitures se trouvant, à leur arrivée en gare du chef-lieu, soulevées et placées sur un wagon à l'aide d'une grue.

A partir de cette époque, pour les voyages du soir, on partait du Havre à 5 heures 3 4 : on était à Rouen à minuit, et à Paris, à 5 heures du matin. Inversement, les voyageurs partis de Paris à 7 heures 25 du soir, arrivaient à Rouen à 11 heures 1,2 et au Havre à 6 heures du matin.

Antérieurement à l'ouverture du chemin de fer de Paris à Rouen, on mettait seize heures en diligence du Havre à Paris (voyage du soir de 6 h. du soir à 10 h. du matin).

Toutefois, en ce qui concerne les marchandises, il était évident que le port de Rouen se trouvait, par le fait même de l'établissement du chemin de fer dont

___

(1) Les Messageries Générales avaient pour directeur au Havre, M. Mesnil, 31, rue de Paris, les Messageries Royales, M. Vautier, même rue en face l'Église Notre-Dame.

il était le terminus, dans une situation très supérieure à celle du Havre.

La section de Rouen au Havre fut exécutée par la Compagnie anglaise qui avait déjà établi la premiere partie de la ligne. Elle ne put, toutefois, être inaugurée qu'en mai 1847, par suite d'un accident survenu à l'un de ses principaux ouvrages. En effet, en avril 1846, le viaduc de Barentin, qui venait d'être achevé, s'écroula subitement comme un château de cartes. Il n'en resta que les culées et quelques portions d'arches, émergeant du sol de dix mètres à peine.

Cet accident souleva, comme bien l'on pense, une émotion considérable. Des doutes sérieux furent émis sur la solidité des ponts construits dans des conditions semblables, à Malaunay et à Mirville. Ce n'est qu'à la fin de 1846 que le viaduc de Barentin put être de nouveau achevé. Ces ouvrages d'art furent soumis à une épreuve de 3,000 kilos de ballast par mètre carré.

Le 4 mars 1847 eut lieu la troisième épreuve du pont d'Eauplet, sur la Seine en avant de Rouen (les trains de Paris s'arrêtaient antérieurement à la gare de Saint-Sever). Le lendemain, un convoi officiel, composé d'une diligence, d'une voiture de deuxième classe et d'un wagon découvert partit de Rouen pour expérimenter une dernière fois la ligne. Le train transportait une Commission composée de MM. Frissard, inspecteur divisionnaire des Ponts et Chaussées ; Ch. Laffite, député, président de la Compagnie du chemin de fer du Havre à Rouen ; Alton Shee, pair de France ; Locke, Newmann, etc., ingénieurs ; G. de Lapeyrière, directeur de l'exploitation des deux chemins ; Mac-Kensie et Brassey, constructeurs ; Achille Brindeau, commissaire royal. Le trajet de Rouen à Harfleur s'effectua en trois heures et demie, avec arrêt à tous les viaducs. Du Havre à Harfleur, il s'accomplit en vingt-cinq minutes y compris le quart-d'heure consacré à l'inspection du pont sur la Lézarde.

La Commission fut reçue, à son arrivée à la gare, par les maires du Havre et d'Ingouville, le lieutenant-colonel de la garde nationale, MM. Reynaud, Chevalier et Chatoney, ingénieurs des Ponts et Chaussées.

La ligne fut livrée au public le 22 mars 1847. La veille, un convoi transportant les notabilités administratives et les représentants de la presse parisienne parcourut la ligne dans les deux sens.

Il n'y eut point, à cette occasion, de cérémonie officielle comparable a celle dont la ville de Rouen avait été le théâtre, en 1813. La Compagnie fit annoncer, en effet, « qu'elle ne voulait point célébrer par des pompes vaines et coûteuses un événement que son caractère d'utilité publique solennisait suffisamment aux yeux des populations, et qu'elle préférait employer à des distributions de secours répartis entre les communes traversées par le tracé l'argent qu'il lui en aurait coûté. » (1)

Cependant, une cérémonie, d'un caractère purement local, fut organisée pour célébrer l'arrivée du convoi qui portait, notamment, les membres du conseil d'administration, M. Dubois, député du Havre, et son collègue, M. Vitet. Ce train, dont la locomotive était ornée de drapeaux et d'écussons, partit de la gare Saint-Lazare à 6 heures 45 du matin et s'arrêta à Mantes, puis à Rouen où une collation fut servie. Le départ de Rouen eu lieu à 10 heures 1/2 et l'arrivée au Havre à midi trois quarts. après visite des principaux travaux d'art.

Toutes les autorités locales, le maire de Graville, le clergé de Notre Dame, d'Ingouville et de Saint-François attendaient l'arrivée du train ; la garde nationale, sa musique et celle du régiment de ligne étaient placées de chaque côté de la voie, ou des chaises avaient été disposées pour les dames. Des salves d'artillerie, tirées des hauteurs de Graville, saluèrent l'entrée en gare. Des discours y furent prononcés par le Président du Conseil d'administration, le Sous-préfet, le maire de Graville et le curé de Notre-Dame.

L'absence de tout représentant de l'Administration supérieure et des auto-

____

(1) Une somme de 12 000 fr fut distribuée aux pauvres par la Compagnie.

rités de la ville de Rouen fut assez mal interprétee au Havre, mais le *Journal de Rouen*, dont le rédacteur en chef figurait parmi les membres de la presse, fit preuve de courtoisie, tout en réservant les intérèts de sa ville, dans un compte-rendu dont nous détachons les lignes suivantes :

« Le chemin est ouvert, bien et proprement frayé : que Dieu lui donne chance et prospérité : c'est le vœu sincère que retourne à M. Locke la voix de Rouen mal comprise, mal interprétée par lui. Rouen est capable, nous l'espérons bien, d'une noble rivalité, d'une généreuse émulation, mais incapable d'aucune basse jalousie. »

Le compte rendu ajoutait :

« Que Rouen ne se croise pas les bras, car il y a place pour tous sous le soleil.

« Pour devise de son chemin de fer la Compagnie du Havre a inscrit sur le panneau de ses wagons « *Sic Lutetia portus* » (c'est ainsi que Paris devient Port de mer). Laisserons-nous au Havre tout le bénéfice de cette devise ? Que les Rouennais sachent vouloir la désobstruction de l'embouchure de leur fleuve et le port de Paris restera où il doit ètre, à Rouen.»

Le résultat de l'ouverture de cette ligne ne se fit pas longtemps attendre, au point de vue commercial. Les Compagnies de transport par eau publièrent immédiatement des tarifs, faisant ressortir pour le commerce un avantage de 20 0 0 au profit de la voie fluviale ; on annonça, en même temps, la construction d'un paquebot en fer, destiné aux voyageurs, devant faire dix lieues à l'heure et les conduire à Rouen en quatre heures.

Les diligences et Messageries terrestres abaissèrent aussi immédiatement leurs prix.

Les mêmes résultats se faisaient aussi sentir au dehors. La Compagnie des steamers pour Brighton doublait ses départs. D'autre part, en prévision de cette amélioration, le Parlement Américain avait été saisi, en 1846, par une Compagnie représentée par M. Mills, d'un projet de service maritime entre New-York et Brême, touchant à Cowes et au Havre. L'escale de Cowes avait été choisie, parce que les dépêches pouvaient parvenir en trois heures de Londres à ce port : celle du Havre parce qu'il n'était éloigné du port anglais que par sept heures de trajet « et qu'il ne faudrait plus bientôt que cinq heures pour aller du Havre à Paris. »

Les journaux américains parlaient déjà de la construction de douze steamers avant la fin de l'année.

Quelque temps après, une commission du Parlement américain proposait de concéder à une Société ayant à sa tête J. Slove, le service direct entre le Havre et New-York, à charge d'effec-

tuer quarante-huit fois par an le transport des malles entre les deux ports
avec quatre steamers devant battre ceux
de la Compagnie Cunard de deux à cinq
jours par traversée, moyennant l'alloca-
tion du port des lettres et des colis
postaux pour toute rémunération.

Enfin, c'est également en se fondant
sur les facilités de communication entre
le Havre et Paris, que MM. Hérout et
Handel venaient d'obtenir du Parlement
français la concession de ce service, à
l'aide des frégates à roues appartenant
à l'Etat.

Nouveaux steamers en service de 1841 à 1850 — Lignes nouvelles — Le débarquement du prince de Joinville — L'accident du « Comte-d'Eu » — La perte du « Saint-David » — Le remorquage des navires de grains — La fuite de Louis-Philippe par le bateau de Southampton.

Il est intéressant, au point où nous en sommes arrivés et avant de faire l'historique des premières lignes de vapeurs long-courriers, de rappeler les noms des steamers qui, de 1841 à 1850, entrèrent successivement en service entre le Havre et les ports français ou européens.

En voici la nomenclature, avec l'indication des destinations et des armateurs ou consignataires :

ROUEN : *Diavolo* (FERRAND, Grand-Quai), *Commerce-de-Pauillac* (THUS ET PINGUET), *Emma* (PAUWELS ET Cᵉ).

PONT-AUDEMER : *Industrie* (H. KEENAN, rue Saint-Jacques).

ISIGNY : *Honfleur* (VIEILLARD ET Ce).

MORLAIX : *Finistère* (CORBIÈRE, VACHER ET TILLY).

SAINT-MALO : *Bretagne* (FRÉDÉRIC DE CONINCK, puis SERGENT ET Ce, au Havre ; DUHAUTCILLY, à Saint-Malo).

DUNKERQUE : *Nord, Elbe, Dunkerque* (SERGENT ET Ce), *Dunkerquois* (GUILLOU).

ALGER, MARSEILLE : *Sphinx* (J.-A. BLANCHARD).

OSTENDE : *Courrier* (PHILIPPE DEVOT ET Ce).

BRIGHTON : *Lord-Melleville, Menai* (ALBRECHT), *Fame*.

LIVERPOOL : *Margaret, St-David, Ocean, Blarney* (DAWIDSON ET Ce, agents et correspondants de la Compagnie anglaise, propriétaire des transatlantiques *Great-Western* et *Great-Britain*), *Bastinasloë, William-Fawcet* (EMERSON ET Ce).

PLYMOUTH, DUBLIN, LIVERPOOL : *Victoria, Severn* (DAWIDSON).

LONDRES : *James-Watt, Sphinx, Columbine, Wilberforce, Venezuela, Raimbow* (ALBRECHT), *London - Merchant, William-Jolliffe* (GUILLOU).

SOUTHAMPTON : *Robert - Bruce* (GILLO), *Prince-of-Wales* (EMERSON), *City-of-Londonderry* (GUILLOU), *Express*.

En dehors de ces lignes, dont nous avions déjà, dans un précédent chapitre, signalé la création, nous devons mentionner, dans la période qui s'étend de 1841 à 1850, les débuts de trois services très importants.

Le premier est un service mensuel, sous pavillon espagnol, pour Malaga, touchant à Saint-Sébastien. Santander, La Corogne et Cadix. Il fut d'abord desservi (1846) par le steamer *Malaga* (VEYRET ALCAIN ET Cⁱᵉ), auquel vinrent s'ajouter ultérieurement les vapeurs *Gibralfaro, M.-A.-de Heredia* (1848), *Martin* (1849). Le nombre des départs fut augmenté et la direction de cette ligne passa aux mains de M. J. DE YRIGOYEN.

La seconde création est celle d'un service direct, à départs fréquents (deux fois par mois en hiver, quatre fois en été) entre le Havre et Liverpool. C'est M. Mac Iver, l'un des chefs de la Compagnie Cunard qui organisa cette ligne : « Cette communication directe, lisons-nous dans une annonce publiée à cette époque, est établie dans le but d'accorder au commerce toutes facilités pour exporter et transborder les marchandises françaises, allemandes, suisses, sur les steamers de la Compagnie « British and North America Royal Mail » ou sur tous autres allant aux Etats-Unis (agents : DONALD CURRIE, au Havre ; CH. MAC IVER, à Liverpool ; BURNS, à Glasgow).

Le premier vapeur mis en service sur cette ligne fut le *Commodore*, capitaine Little (15 décembre 1849).

Enfin, en 1849, le 11 février, eut lieu le premier départ du steamer hollandais *Admiraal-Verhuell*, capitaine A.

Van-Valkom. Cette nouvelle ligne, qui vint faire concurrence aux vapeurs de la Compagnie Albrecht, avait pour directeur, au Havre, M. Th. Barbey. Les départs avaient lieu trois fois par mois.

Nous laissons de côté, quant à présent, afin de leur faire une place à part, les débuts de la navigation transatlantique à vapeur dans notre port pour rappeler quelques-uns des principaux événements se rattachant à notre sujet, qui se passèrent au Havre, pendant cette période.

Au mois d'octobre 1844, à la suite du bombardement de Tanger, de Mogador et de la bataille d'Isly, qui avaient contraint les Marocains à mettre bas les armes, le vice-amiral prince de Joinville, se dérobant aux fêtes préparées à Toulon pour célébrer son retour à la tête de la flotte française victorieuse, s'embarqua à Cadix sur le *Pluton*, de la Marine Royale, à destination du Havre. Le navire mouilla sur notre rade, après une traversée de huit jours, le 1er octobre, dans la soirée. Le jeune vice-amiral descendit immédiatement dans un canot avec M. Touchard, son aide de camp, et se fit débarquer à l'escalier du Grand-Quai.

Aussitôt M. Touchard prit les devants pour aller retenir deux chambres à l'hôtel de l'Amirauté. Mais la Douane veillait. Un préposé, qui avait vu filer rapidement l'aide de camp, se posta aussitôt au haut de l'escalier : au moment où le prince de Joinville mettait le pied sur le quai, il entendait une voix impérieuse qui disait : « Doucement, s'il vous plait, où allez-vous si vite? » Un peu surpris au premier moment, le fils de Louis Philippe, très heureux de constater avec quelle exactitude les consignes étaient observées, tira, pour justifier de sa qualité, un très riche portefeuille armorié. A cette vue le douanier le regarda plus attentivement et, l'ayant reconnu, rectifia la position et le salua militairement. Il fut très chaleureusement félicité par le prince.

L'année suivante, le steamer anglais *St-David*, capitaine Evans, parti du Havre pour Liverpool, le 13 décembre, dut être considéré comme perdu, faute de nouvelles au bout de trois semaines. Ce steamer, de 178 tonneaux et 80 chevaux de force, avait 13 hommes d'équipage et portait une cargaison d'une valeur considérable. On avait même remarqué qu'à sa sortie du port, il était surchargé d'une façon excessive. Des marchandises et des objets provenant de ce navire, rejetés par la tempête, furent recueillis sur la plage d'Etretat.

En 1847, se produisit un événement bien douloureux. Au cours d'un essai, une explosion de chaudière se produisit à bord du yacht royal le *Comte-d'Eu*, tuant et blessant un grand nombre de personnes. La ville du Havre fit à ces malheureux des obsèques solennelles, et une souscription ouverte au bénéfice de leurs familles s'éleva à une somme considérable.

La même année, le Gouvernement dut envoyer des navires à vapeur au devant des voiliers, chargés de grains, impatiemment attendus, que les vents d'Est retenaient à l'entrée de la Manche. La frégate *Vauban*, commandée par le capitaine de vaisseau Le Saulnier de Vanhello, mouilla en rade du Havre le 29 mai. Elle avait quitté la veille la rade des Dunes avec dix navires à la remorque, dont six pour le Havre, quatre pour Dieppe et le Tréport. Cette frégate avait déjà conduit, le 3 mai, deux navires à l'entrée du Havre et laissé, à la hauteur de Dieppe et de Fécamp, cinq ou six navires chargés de grains.

Pour donner une idée de la quantité de céréales importées au Havre pendant cette période de disette, il suffit de rappeler que, du 14 au 21 juin 1847, on vit entrer dans notre port vingt navires américains portant 90,000 barils de farine, 31.000 sacs et deux greniers de blé, et 14.000 sacs de seigle.

Enfin, en 1848, c'est au Havre que Louis Philippe, chassé de Paris par la Révolution de février, vint s'embarquer pour l'Angleterre avec une partie de sa famille. Après avoir abdiqué, le roi s'était réfugié à Dreux, où il fut rejoint par quelques-uns des siens. Il gagna Trouville, puis Honfleur, mais le mauvais état de la mer rendait la traversée impossible. Grâce au dévouement d'un fonctionnaire d'Honfleur la famille royale put s'embarquer secrètement pour le Havre, où elle arriva sans avoir été signalée pour prendre place sur le steamer *Express*, de la ligne de Southampton. La flotte anglaise croisait dans la Manche pour protéger le passage du roi détrôné, qui reçut en Angleterre l'hospitalité au château de Claremont.

Le fonctionnaire qui, à Honfleur, avait favorisé la fuite du Roi, avait, antérieurement, trouvé des appuis dans l'entourage de Louis-Philippe. Très loyalement il se rendit le lendemain à Rouen, auprès du commissaire extraordinaire du Gouvernement provisoire, auquel il rendit compte de sa conduite et offrit sa démission. Ce commissaire, M. Deschamps, refusa de l'accepter, ajoutant que la République étant fondée sur le culte de toutes les vertus, elle ne pouvait qu'être honorée d'être servie par un homme aussi fidèle aux devoirs de la reconnaissance et aussi respectueux du malheur.

Constructions nouvelles — Quelques faits. — Les premiers steamers long-courriers

Aux faits précédemment cités, nous devons ajouter, pendant la même période, l'indication de quelques constructions effectuées par nos chantiers et ateliers,

C'est d'abord celle du vapeur le *Faon*, exécutée aux Chantiers Normand, sur les plans de l'ingénieur Massard. Sa machine, sortant des ateliers de M. John Penn, à Greenich, était de 120 chevaux de force. Ce navire, qui revint fréquemment depuis comme aviso de l'Etat dans notre port, était primitivement destiné à faire, pour le compte du gouvernement, le service postal entre Calais et Douvres. Il était à hélice et avait 42 mètres de long sur 6 de large et 1 mètre 90 de tirant d'eau.

C'est ensuite la construction, dans les ateliers de MM. Mazeline frères, d'une machine d'un type nouveau destinée à la corvette à hélice *Biche*.

Cet appareil moteur était à connexion directe et à cylindres horizontaux. Une note, publiée à cette époque dans la presse, indiquait que le mouvement de la tige des pistons se transmettait au moyen d'une bielle à deux roues de diamètre égal, placées de chaque bord et concourant ensemble à imprimer un mouvement de rotation au pignon au centre duquel passait l'arbre de l'hélice à deux branches et à pas variable.

L'appareil, placé entre deux cloisons étanches, écartées de sept mètres, ne pesait que 62 tonnes y compris l'eau des chaudières.

Nous reviendrons ultérieurement sur d'autres constructions et d'autres faits qui ont trait à la navigation à vapeur au long-cours, aux origines de laquelle nous devons consacrer un chapitre spécial.

En terminant ce chapitre, nous croyons devoir reproduire un tableau récapitulatif, publié en 1843, contenant la liste des steamers français attachés à cette époque au port du Havre, avec indication de leur destination, de la force et de l'origine de leur machine, ainsi que des noms de leurs armateurs ou propriétaires. Les machines construites en Angleterre y sont indiquées par un A ; celles d'origine française par un F.

Paquebots à vapeur au Havre :

Tage..........	172	A	Ph. Albrecht	St-Pétersb
Amsterdam..	180	A	"	.,
Havre........	120	A	"	Hambourg
Paris........	190	A	"	"
Rotterdam...	160	A	"	Rotterdam
Hambourg...	120	A	"	"
Sphinx	160	A	Ch. Guillou	Londres
Morlaisien...	170	A	Ed. Corbière	Morlaix
Commerce-de-Lille.......	70	A	Sergent et Ce	Dunkerq
Dunkerquois	73	A	"	"
Colibri.......	55	F		Cherbourg
Calvados.....	70	A	Lamoisse et Ce	Caen
Neustrie.....	70	F	dito	"
Courrier-de-Pauillac...	40	A	Thus et Pinguet.......	Rouen
Rouennais...	156	A	Taylor......	"

L -Philippe..	30 F	Pauwells...	Rouen
Emma........	25 F	» ...	»
Normandie..	1 0 A	Vieillard Jal-land et Cᵉ·	»
Seine........	120 A	Dito........	»
François.....	50 A	Vieillard et Cᵉ........	Honfleur dans le port
Honfleur.....	70 F		
National.....	40 F	Lahure	Trouville

Remorqueurs :

Courrier......... ..	70 A	Vieillard et Cᵉ	
Hercule...	140 A	"	
Alcide	140 A	"	
Neptune...........	140 F	Lecoq	
Vesuve.............	140 F	"	
Remorqueur-nᵒ-1..	80 A	A. Bertin et Cᵉ	
" *nᵒ-2*..	160 A	"	
" *nᵒ-3* .	50 A	"	
Rollon.............	120 A	Duboullay et Cᵉ	
Commerc -de-Paris	50 A	Lenormand et Baudu	
Casimir...........	50 A	H Expert et Cᵉ	
Robert Ginscord ...	120 F	Duboullay et Cᵉ	
Rouennais........ .	100 A	Cᵒ Rouennaise	
Rouen............ ...	160 A	"	
Pilotin.............	50 A	"	

*
* *

Nous avons déjà, dans une série d'articles relatifs aux anciens paquebots entre
le Havre et New-York, donné quelques
indications générales relativement aux
débuts de la navigation à vapeur à
travers l'Atlantique.

En rappelant, dans l'étude qui va suivre, les origines de la navigation à vapeur entre l'Europe et les autres parties du monde, nous aurons l'occasion,

en nous plaçant à un point de vue plus
général, d'y ajouter certains faits.

C'est un navire à vapeur américain,
le *Savannah*, qui, en 1819, fit le premier
voyage d'Amérique en Europe. Ce stea
mer, de 350 tonneaux, se rendit de
New-York à Saint-Pétersbourg, après
avoir fait escale à Liverpool et à Copenhague. Il convient de signaler que ce
voyage s'effectua mi-partie à la voile et
mi-partie à la vapeur et qu'il fut plutôt,
à cette époque, considéré comme un
coup d'audace que comme une expérience
réellement pratique.

Six ans plus tard, en 1825, le steamer
anglais l'*Enterprise*, de 500 tonneaux,
mû par deux machines de 60 chevaux,
se rendit de Falmouth à Calcutta en 113
jours, dont 8 passés au Cap pour renou-
veler sa provision de charbon.

A la même époque, un bateau à vapeur hollandais fit la traversée d'Amsterdam à Curaçao.

Nous rappelons ici qu'en 1838, le
Sirius avait fait la première traversée
d'Angleterre aux Etats Unis en dix-sept
jours à l'aller et dix-huit au retour ;
que, peu après, le *Great-Western*, de
65 m. 60 de long sur 11 mètres de large,
d'une vitesse moyenne de 8 nœuds 8,
fit le même trajet en dix-sept jours à
l'aller et quinze au retour.

Deux ans plus tard, la Compagnie
anglaise ROYAL MAIL WEST INDIA, orga-

nisa une ligne à vapeur de Suez à Calcutta, avec subvention du Gouvernement britannique. Dautre part, une Société, de même nationalité, la PENINSULAR AND ORIENTAL CY, établissait deux services connexes : l'un, de Marseille à Alexandrie ; l'autre, de Suez sur l'Inde et la Chine.

Les premiers steamers transatlantiques sur New-York — Le premier service à vapeur sur le Brésil — La Compagnie Gauthier

Jusqu'à l'époque où furent organisés les premiers services directs à vapeur entre notre port, les deux Amériques et les Antilles, les transports par voies rapides entre le Havre et ces directions s'effectuaient, en transbordement, par les ports anglais au moyen des lignes de cabotage international que nous avons précédemment signalé.

La BRITISH NORTH AMÉRICAN Cᵒ (Compagnie Cunard), de Liverpool, avec le *Cambria*, le *Calédonia*, le *Britannia*, l'*Hibernia*, l'*Acadia* (DONALD CURRIE, agent au Havre) ; la Compagnie Américaine UNITED STATES MAIL, avec les steamers *Atlantic*, *Pacific*, *Artic*, *Baltic*, *Adriatic*, (DRAPER, agent au Havre) ; l'OCEAN STEAM SHIP Cᵒ qui faisait

partir ses navires de Brème, avec escale
à Cowes (W. ISELIN, agent au Havre)
et avait mis sur cette ligne les vapeurs
Washington et *Hermann* ; la COMPA-
GNIE OCCIDENTALE, de Liverpool, avec
les steamers *Great-Western*, *Great-
Britain*, *Mathews*, emportaient vers
New-York et Boston les voyageurs et
les marchandises pressés, venus de tous
les coins de l'Europe.

De Southampton, la WEST INDIA ROYAL
MAIL, la BRASIL ROYAL MAIL (Dawidson agent au Havre), mettaient plus
particulièrement le Havre en relations
avec les Antilles et le Brésil, après
transbordement dans le port anglais.

Nous ne voulons pas nous étendre ici
sur la création du premier service à vapeur Français entre le Havre et New-
York, dont nous avons donné déjà les
détails dans notre précédente étude sur
les anciens paquebots entre le Havre et
New York. Nous nous contenterons de
rappeler qu'après des tentatives infruc-
tueuses faites de 1840 à 1847, le Gouvernement se décida, au cours de cette
dernière année, à concéder le service
du Havre à New-York à MM. Herout et
de Handel.

Quatre frégates à vapeur de 450 chevaux, primitivement destinées aux voyages des Antilles, le *Christophe-Colomb*,
le *Canada*, le *Darrien* et l'*Ulloa*, qui,
pour flatter l'amour-propre américain,
changèrent leurs noms en ceux de
*Philadelphie, Union, New-York, Mis-
souri,* furent mises par l'Etat à la dispo-

sition du concessionnaire. Les premiers départs eurent lieu de Cherbourg, les travaux d'approfondissement du chenal du Havre, ainsi que le bassin de la Floride, qui devait recevoir ces navires, n'étant pas encore terminés. Ce bassin fut inauguré en octobre par le *New-York*, « le plus grand navire. disaient les journaux locaux, que le Havre ait reçu dans son port depuis la *Grande-Françoise*, de fabuleuse mémoire. »

Ce service, dont nous avons retracé les débuts assez heureux, puis les rapides vicissitudes, dura peu. Inauguré le 22 juin 1847, il prit fin en janvier 1848, dans d'assez tristes conditions. La Compagnie, qui avait accepté les offres de l'Etat avec un enthousiasme très méritoire, mais fort imprudent, se trouva dans l'impossibilité d'effectuer ses départs après le commencement de l'année. A la suite d'une mise en demeure restée infructueuse, un procès s'engagea, et au cours de ces difficultés, les équipages, ne recevant pas leurs salaires, furent obligés d'engager leurs effets au Mont-de-Piété. En avril 1848, la réintégration des quatre frégates dans la flotte fut ordonnée. Le *Missouri*, le *Philadelphie* et le *New-York* furent affectés au port de Brest, l'*Union* à celui de Cherbourg. Ces navires reprirent alors leurs anciens noms.

Cette fâcheuse expérience donnait pleinement raison aux judicieuses observations qui avaient été présentées de divers côtés, en 1840 et 1847, notamment par la Chambre de commerce du Havre, lorsque le Parlement avait discuté la question des services postaux. On avait fait remarquer alors que ces frégates allaient entreprendre avec les steamers de la Compagnie Cunard une lutte tout à fait inégale, à tous les points de vue. D'une puissance effective de 400 chevaux au maximum, et d'un tirant de 5 mètres 78, les frégates, obligées d'emporter plus de 800 tonneaux de charbon, ne pouvaient recevoir, en sus, que 200 tonneaux environ de fret. Leurs machines pesaient 50 tonnes de plus que celle de l'*Acadia*. Enfin, la hauteur de leurs mâtures et la complication de leurs gréements exigeaient un équipage de 72 hommes.

Les steamers anglais avec lesquels ces navires étaient en concurrence possédaient une puissance effective de 440 chevaux au moins ; leur tirant d'eau n'était que de 4 mètres 70 ; la provision de charbon, calculée pour dix-huit jours, ne s'élevait qu'à 600 tonneaux, laissant un espace considérable pour le fret ; leur équipage ne s'élevait qu'à cinquante hommes.

On constata aussi que les traversées de l'Atlantique, pendant la mauvaise saison, exigeaient des navires d'une trempe particulière, capables de résister à la fois aux coups de mer et aux secousses de la machine. La coque de nos frégates s'était plusieurs fois disjointe, et quelques-unes étaient rentrées au port faisant de l'eau comme des paniers.

La durée moyenne de leur traversée du 22 juin au 24 novembre avait été de 19 jours à l'aller et de 17 jours au retour, alors que, de 1840 à 1842, les steamers de la Compagnie Cunard avaient effectué leurs voyages avec une moyenne de 13 jours à l'aller et de 11 jours au retour.

Ces frégates ne revinrent plus dans notre port qu'à la fin de 1848 et au commencement de 1849 pour transporter des insurgés condamnés à la déportation à la suite des journées de juin 1848. L'*Ulloa* emporta, en août 1848, 411, puis, en septembre, 546 de ces malheureux ; le *Darrien* en emmena 191. L'entrepont de ces navires avait été divisé en compartiments pouvant recevoir 15 personnes. Les condamnés étaient provisoirement internés à Cherbourg, sur des pontons.

Dans le premier convoi emmené par l'*Ulloa* se trouvait le nommé Thomassin, organisateur du fameux banquet à 25 centimes, Gaëtan et plusieurs Italiens et Polonais.

C'est à la suite de l'échec de la Compagnie Herout et de Handel que la Compagnie Américaine établie à Liverpool que nous avons signalée plus haut, affecta au service du Havre à New-York. avec escale à Cowes, le steamer neuf *United-States* (1848), qui fut suivi, à quelques années de distance, par le *Franklin*, le *Humbolt* (1851), l'*Union* (1853), le *St-Louis* (1854), appartenant à l'OCEAN STEAM SHIP ; par le *Fulton* et l'*Arago* (1855), de la NEW-YORK ET STEAM NAVIGATION CY ; puis par les steamers *Vanderbilt*, *North-Star*, *Ariel*, *Northen-Light*, *New - York*, *Daniel-Webster*, *Illinois* de la VANDERBILT EUROPEAN LINE (1856), et à peu près en même temps par les vapeurs *Adriatic*, *Atlantic*, etc., de la NORT ATLANTIC COMPANY.

Tous ces steamers étaient en bois et à roues.

Nous ne faisons que rappeler les noms de ces navires, dont nous avons déjà retracé la carrière, et nous arrivons à l'organisation d'un service français extrèmement intéressant que nous n'avions point mentionné dans notre précédente étude parce qu'il n'était pas spécialisé à la ligne de New-York. Nous voulons parler des services par navires mixtes, qu'on appelait alors steamers auxiliaires, organisés en 1856, par MM. GAUTHIER FRÈRES, de Lyon, sur New-York, la Nouvelle-Orléans et le Brésil, avec escales.

La Compagnie Franco-Américaine
(Gauthier frères) — Les vapeurs
auxiliaires — La perte du
« Lyonnais »

Depuis l'échec de la Société Hérout et Handel, on n'avait cessé, au Havre, de demander la création, sur de nouvelles bases, d'un service français entre notre port et les Etats-Unis.

Cette préoccupation apparait à chaque instant, dans de nombreuses publications locales. Elle se manifesta même, tant elle était vive, dans les discours qui furent prononcés lorsque le steamer américain *Franklin* inaugura, à la fin de l'année 1850, un nouveau service à grande vitesse entre le Havre et New-York.

Le commerce du Havre avait organisé à cette époque, sous la présidence du maire, M. Lemaistre, un banquet pour

fêter le premier départ du pionnier de
cette ligne, et le capitaine Wotton,
commandant du *Franklin*, avait rendu
cette politesse le surlendemain, à bord
de ce navire.

M. de Lesseps, directeur au minis-
tère des affaires étrangères, le directeur des postes, le ministre des Etats-
Unis, MM. Ancel et Beugnot, députés,
M. Hermé, président de la Chambre de
commerce, et un grand nombre de notabilités parisiennes et havraises assis-
taient à ces fêtes. M. Godard, négociant
au Havre, au nom du commerce de la
place, y fit entendre les paroles suivantes : « Puisse le succès de cette ligne, que nous appelons de tous nos
vœux, encourager bientôt l'établissement d'une ligne française développant
nos relations avec les Etats-Unis, aux-
quels le Havre est en partie redevable
de sa grande prospérité ». Et M. Iselin,
agent de la Compagnie Américaine, lui
répondait, avec un libéralisme et une
largeur de vues qui furent très appré-
ciés : « Nous avons une ligne américaine, il faut qu'elle se complète par
une ligne française, unie et non concurrente. Alors seulement nous serons
affranchis du tribut que nous payons
aux lignes rivales, et les relations toujours si fraternelles de la France et des
Etats-Unis se trouveront plus resser-
rées que jamais ».

C'est seulement six ans plus tard, en
janvier 1856, que les journaux annoncè-
rent la création de la ligne si impatiem-

ment attendue et le départ prochain de ses premiers paquebots.

MM. Gauthier frères, de Lyon, organisateurs et directeurs de cette Société, qui prit précisément le titre de Compagnie Franco-Américaine, établirent leurs bureaux à Paris, 14, rue Grange-Batelière. Ils installèrent une succursale à Lyon, 3, rue d'Oran, et choisirent pour leurs agents au Havre MM. J. BARBE ET MORISSE, 43, quai d'Orléans, et à New-York, MM. POIRIER.

Cette Compagnie créa deux lignes, l'une sur les Etats-Unis, l'autre sur le Brésil, avec neuf bateaux à hélice, dont cinq achetés en Ecosse, chez le constructeur Laird, et quatre construits à Nantes.

Voici les noms, le tonnage et la puissance de ces steamers :

Le *Jacquart*	2.400 tx	500 chev
Le *François-Arago*	2.400 „	500 „
L'*Alma*	2.200 „	500 „
Le *Sébastopol*	2.200 „	500 „
Le *Barcelone*	2.000 „	500 „
Le *Cadiz*	2.000 „	500 „
Le *Lyonnais*	2.000 „	500 „
Le *Franc-Comtois*	2.000 „	500 „

Les départs avaient lieu tous les mois sur chacune des lignes de New-York et du Brésil, en hiver. Les départs sur New-York étaient bi-mensuels, pendant l'été.

Le *Barcelone*, commandé par le capitaine Morin, fut le pionnier de la ligne de New-York. Parti du Havre le 23 février 1856, il effectua sa traversée d'aller en 20 jours, et celle du retour en 14 jours.

Ces navires n'avaient point la prétention de lutter de vitesse avec les steamers des deux lignes américaines reliant alors le Havre à New-York. La définition de *steamers auxiliaires*, sous laquelle ils avaient été annoncés, indique suffisamment que leurs armateurs se proposaient d'associer la vapeur à la voile, dans le but d'obtenir, avec le minimum possible de consommation de charbon, des traversées plus rapides et plus régulières que celles des simples paquebots à voiles. C'était à la fois des cargo-boats et des navires à passagers.

En organisant ce nouveau service, MM. Gauthier frères avaient pu s'inspirer d'expériences tentées, dans le même ordre d'idées, depuis 1848.

Au Havre, MM. Mazeline frères avaient, à cette date, expérimenté un appareil primitivement destiné, pour les traversées de Rio, au grand voilier *Empereur-du-Brésil*, alors en construction. Cette machine, qui ne tenait que fort peu de place (environ 40 tonneaux), pouvait imprimer au bâtiment, suivant les circonstances, une vitesse de 2 à 6 nœuds. Ce système se faisait surtout remarquer par la facilité avec laquelle l'hélice et ses supports, qui affectaient la forme d'une brouette de terrassier renversée, pouvaient être enlevés à volonté. D'autre part, il existait déjà à Liverpool. en

1847, une Compagnie de voiliers dont les navires étaient munis d'appareils moteurs auxiliaires. L'un d'eux, le *Sarah-Sands*, avait effectué à cette époque, malgré les circonstances atmosphériques les plus defavorables, le trajet de New-York à Liverpool en moins de 19 jours.

Les nouveaux steamers de la Compagnie Gauthier étaient fort en progrès sur ces précédents.

Le *Barcelone* avait 79 mètres de long sur 11 de large. Sa coque était divisee en six compartiments étanches. Sa machine, sortant des ateliers du constructeur anglais Faweett, était d'une force nominale de 250 chevaux mais d'une puissance effective de 500. Elle était à connexion directe. Ses deux cylindres, horizontaux, étaient placés l'un à babord, l'autre à tribord, avec condenseurs à côté, le tout disposé en échiquier. Les bielles étaient attachées directement à l'arbre de l'hélice. Le changement de marche était obtenu au moyen d'un système semblable à celui employé pour la manœuvre des locomotives. Quatre chaudières tubulaires à faces planes et dômes semi-cylindriques fournissaient la vapeur avec pression de deux atmosphères. La pompe à air et la pompe alimentaire étaient également à connexion directe comme dans les machines de Penn.

La consommation de charbon était de 2 tonnes par heure ; la vitesse du navire d'environ 20 kilomètres à l'heure.

Ces steamers pouvaient porter 750 tonneaux de charbon et 750 tonneaux de marchandises Ils étaient aménagés pour recevoir 160 passagers, et comptaient 85 hommes d'équipage.

Le second départ pour New-York fut effectué par l'*Alma*, capitaine Bocandé. Parti du Havre le 20 septembre, ce vapeur arriva à New-York le 22 octobre ; sa traversée de retour s'effectua entre le 9 et le 30 novembre.

Le *Cadiz*, capitaine Dugast, inaugura la ligne de Rio. Parti de ce port le 10 avril, il entrait au Havre le 16 mai.

Le *Lyonnais*, capitaine Devaulx ; le *Franc-Comtois*, capitaine Fournier, suivirent l'*Alma* sur la ligne de New-York.

Les débuts de ce service furent douloureusement attristés par un des événements maritimes les plus pénibles qui aient affecté notre port.

Le *Lyonnais* était parti de New-York le 30 octobre 1856. Quelques jours après on apprit, par un certain nombre de personnes sauvées par le voilier *Elise*, entré à New-York, que ce steamer avait sombré en mer, par suite d'un abordage, le lendemain de son départ, dans des circonstances très dramatiques, et que la majeure partie de l'équipage et des passagers erraient sur l'Océan, alors fort agité, sur les embarcations du bord.

La perte du « Lyonnais »

Voici, d'après le rapport de M. Laguire. deuxième lieutenant, ramené à
New York par l'*Elise*, comment s'était
produit l'abordage du *Lyonnais*.

Le 31 octobre 1856. vers 11 h. du soir,
à 60 milles de la terre, par temps clair,
le capitaine Devaulx avait aperçu tout à
coup à tribord un navire. sans feux, venant à toutes voiles sur le *Lyonnais*. On
fit jouer immédiatement le signal d'a-
larme, et le timonier mit la barre bà-
bord toute. Mais il était trop tard. Le
Lyonnais fut abordé par le flanc, près
du capot de l'échelle, par le voilier.
Trois embarcations furent endomma-
gées. Le *Lyonnais* continua sa route
pendant dix minutes, mais l'eau fit ir-
ruption dans la machine et éteignit les
feux.

On s'efforça d'aveugler la voie d'eau
qui se trouvait au-dessus de la flottaison avec des pièces de toile à voile, des
matelas, et de faciliter l'action des pompes en jetant une partie de la cargaison à la mer. Mais, il existait au-dessous
de la flottaison une seconde déchirure
qui ne put être bouchée. Les officiers,
l'équipage et les passagers, après de
longues heures d'efforts durent renon-
cer à la lutte, et l'abandon du *Lyonnais* fut décidé. Le capitaine fit preuve
d'un sang-froid remarquable. Dans la
matinée, il réunit les passagers et l'é-
quipage et fit procéder, avec le plus
grand ordre à l'organisation du sauve-

tage. Ce travail dura trente heures. On construisit, notamment, un radeau, qui fut chargé de provisions et reçut quarante personnes, deux embarcations contenant chacune vingt-cinq personnes, deux bateaux de sauvetage, en portant respectivement vingt et dix-huit furent mis à la mer. D'autres restèrent en surveillance, pour recueillir le capitaine, les officiers et les hommes de l'équipage qui restèrent à bord jusqu'à la dernière extrémité.

Le capitaine Devaulx quitta le dernier son navire, dans une yole ; il indiqua le point de terre vers lequel il fallait se diriger et ordonna aux officiers qui commandaient les embarcations de naviguer de conserve autant que possible trois par trois. Mais ces chaloupes furent promptement dispersées par le mauvais temps. Celle que dirigeait le lieutenant Laguire échappa seule au désastre, apres les plus cruelles péripéties. Elle vit d'abord passer à peu de distance, alors que les personnes qui la montaient étaient déjà exténuées, un navire qui, malgré leurs signaux désespérés, ne se détourna pas de sa route.

Enfin, après six jours de souffrances et d'angoisses, au cours desquels deux personnes moururent de froid, les naufragés furent aperçus et receillis par le trois-mâts barque brêmois l'*Elise*, capitaine Nordenslot, allant à Brême. Ce navire qui était sur le point de manquer d'eau, ayant rencontré, lui-même, quelque temps après, la barque hambourgeoise l'*Elise*, capitaine Nielson, se dirigeant sur New-York. celui-ci prit à son bord quelques-uns des naufragés, dont le lieutenant Laguire, un passager. deux passagères et neuf hommes de l'equipage.

Il y avait à bord du *Lyonnais* 40 passagers de 1re classe, 94 hommes d'équipage, y compris l'état-major et un assez grand nombre d'hommes admis à bord du navire à titre gratuit, pour y être employés pendant la traversée, en tout 192 personnes.

L'état-major se composait de : MM. Devaulx, capitaine ; Roussel, second ; Mathieu, 1er lieutenant ; Laguire, 2e lieutenant ; Baumestack, trésorier ; Gigneur, chef mécanicien ; Rousset, Dufour, Adrien, mécaniciens ; Claisin, docteur. Cinq passagers, dont trois dames, et, parmi le personnel du bord, MM. Laguire, lieutenant : Dufour. 3e mécanicien ; Lambert, boulanger ; Dublic, Nestor, Choupeau, Poireau, Juste, marins ; Delfaille, maitre d'hôtel, échappèrent seuls au désastre.

Le matelot Choupeau se conduisit d'une façon admirable ; il resta six jours consécutifs à la barre, et eut un bras gelé depuis le poignet jusqu'au coude.

A son arrivée à New-York, M. Laguire fit immédiatement son rapport à MM. Poirier, agents de la Compagnie. Cet officier déclara que le nom du voilier abordeur était resté inconnu « mais » que ce navire avait laissé sur le pont

» du *Lyonnais* une partie de sa figure
» représentant un dragon noir à cri-
» nière dorée, aux yeux rouges, à la
» gueule ouverte avec un dard doré. »

MM. Poirier envoyèrent immédiatement le vapeur *Marion* à la recherche
des autres embarcations, mais toutes
les investigations restèrent infruc-
tueuses.

Quelque temps après, le navire anglais *Neptune* rencontra en mer et
recueillit une des embarcations du bord,
assez endommagée. Elle ne contenait
plus personne, mais on y trouva une
certaine quantité de provisions. On sup-
posa que ceux qui se trouvaient à bord,
affaiblis par le froid, avaient dû être
enlevés par un coup de mer et que cette
chaloupe s'était relevée, après avoir
chaviré.

Les autres personnes sauvées par
l'*Elise* arrivèrent à Brême sans inci-
dent.

On apprit, le 4 novembre, que le navire abordeur était le trois-mâts barque
l'*Adriatic*, allant de Belfast (Maine) à
Savannah. Ce navire était entré en re-
lâche à Gloucester, avec son avant dé-
foncé. Son capitaine n'indiqua pas tout
d'abord toutes les circonstances de la
collision, croyant, déclara-t-il, que le
steamer n'avait pas souffert, et n'avait
besoin d'aucun secours. Il prétendit
n'avoir pas entendu les signaux de dé-
tresse. D'après les déclarations des
hommes du *Lyonnais*, le voilier n'avait
point de feux et avait disparu immé-

diatement après l'abordage, après avoir tiré deux coups de canon.

Le *Moniteur de la Flotte*, auquel nous avons emprunté une partie de ces détails, saisit cette occasion pour faire ressortir dans son numéro du 8 décembre 1856, quelle importance s'attachait à l'exécution du decret du 17 août 1852, sur l'éclairage des navires, et pour émettre le vœu que cette réglementation devint obligatoire pour toutes les nations maritimes.

On ne peut lire le récit de ce naufrage sans être frappé de l'analogie que présente cet abordage avec ceux de la *Ville-du-Havre* par le *Lock-Earn*, et de *La-Bourgogne* par le *Cromartyshire*.

Ces trois steamers français ont péri dans des conditions presque identiques, frappés au flanc par des voiliers dont la guibre est entrée dans leur carène comme un coin. C'est également dans des conditions à peu près semblables que s'était produit, en 1854, la collision du steamer américain *Artic*, avec le voilier *La Vesta*, sinistre dans lequel périrent 350 personnes.

Les steamers de la Compagnie Gauthier — Insuccès — Changement de service

La Compagnie Franco - Américaine (GAUTHIER FRÈRES) avait, comme nous l'avons indiqué, mis un certain nombre de ses paquebots sur la ligne du Brésil, avec escales.

Voici quelques indications qui permettront d'apprécier la vitesse des steamers affectés à ce service :

Le *Cadix*, pionnier de cette ligne, fit sa première traversée de retour dans les conditions suivantes : parti de Rio-Janeiro le 16 avril, il arrivait au Havre le 16 mai, après escales à Bahia. Pernambuco, Gorée, Ténériffe, Li-bonne. Déduction faite du temps de séjour dans ces divers ports, son voyage avait duré 24 jours environ. Ce steamer arriva au Havre avec une centaine de passagers.

Le *Lyonnais*, qui effectua le second départ sur le Brésil, avant d'être mis sur la ligne de New-York, où l'attendait un si triste sort, parcourut le même itinéraire du 13 mai au 18 juin.

Le *Vigo*, capitaine Sharp ; le *François-Arago*, capitaine Gilbert ; le *Jacquart*, capitaine Bourdillat, desservirent successivement aussitôt la ligne de Rio.

Malheureusement, après une année environ d'expérience, la Compagnie Franco - Américaine dut reconnaître qu'elle avait, en installant son double service, assumé une tâche au-dessus de ses forces.

La concurrence sur la ligne de New-York etait particulièrement difficile à soutenir, d'abord à cause des conditions exceptionnellement favorables dans lesquelles se trouvaient les Compagnies Américaines qui desservaient notre port. La Compagnie Livingstone, qui avait commencé son exploitation avec les vapeurs *Humbolt*, *Franklin*, *Saint-Louis*, *Union*, l'avait continuée avec les paquebots *Fulton* et *Arago* qui naviguaient dans des conditions particulierement avantageuses.

Cette Compagnie recevait, en effet, une subvention assez importante du gouvernement americain. Ce subside, qui s'élevait à l'origine à 175,000 dollars (soit 35,650 fr. par voyage), s'était trouvé, il est vrai, diminué de moitié, mais les deux derniers steamers que nous venons de citer. plus petits que les premiers, lui avaient permis de réaliser des économies considérables, notamment sur les dépenses de combustible. La consommation du charbon ne s'élevait, en effet. sur ces steamers, qu'aux trois-cinquièmes de la quantité consommée à bord des transatlantiques anglais.

D'un autre côté, la Compagnie Vanderbilt, bien que ne bénéficiant d'aucune subvention, disposait de capitaux tellement élevés et de navires tellement vastes et perfectionnés, qu'elle enlevait également à la Compagnie française une bonne partie de la clientèle dont elle aurait pu profiter.

Enfin, ainsi que nous l'avons signalé dans une précédente étude, c'est précisément à cette époque que les armateurs de navires à voiles faisaient un effort considérable, en améliorant leur matériel, pour soutenir la lutte avec les vapeurs.

Sur New-York, les grands clippers de la ligne de « l'Union » (AMÉDÉE DURAND, WISTOCK ET PUNNETT) et ceux de la nouvelle ligne (QUESNEL FRÈRES, J. BARBE) avaient réussi à conserver une clientèle considerable.

Il en était de même sur le Brésil, relié avec notre port par de magnifiques voiliers, dont plusieurs sortaient des chantiers de M. Normand.

Imitant ce qu'avaient fait, depuis longtemps, les Compagnies de voiliers pour New-York, les armateurs havrais et consignataires des navires à voiles qui desservaient l'Amérique du Sud, s'étaient groupés, sous le titre « d'Union des Chargeurs », pour effectuer, à tour de rôle, des départs fréquents et réguliers.

Les superbes navires qui faisaient l'orgueil de notre port, et qui s'appelaient : *Dom-Pedro-II*, *France-et-Brésil*, *Commerce-de-Paris* (WANNER ET Cᵉ); *Ville-de-Paris*, *Paulista*, *France-et-Chili*, *Victoria*, *Malhilde* (MASURIER LE JEUNE ET FILS); *Ville de-Rio* (PERQUER ET SES FILS ; *Nouvelle-Pauline*, *Levaillant*, *Mineiro*, *Normandie*, *Villarica* (BURGAIN ET BATALHA); *Empereur-du-Brésil*, *Impératrice-du-Brésil*,

Carioca, *Pétropolis*, *Reine-du-Monde*
(Léon Lecomte et Cᵉ) : *Luzitano* (Lan-
get et Cᵉ , avaient doublé, à cette époque, le nombre de leurs départs.

Dans la même direction, les services
à vapeur de la Royal Mail et ceux de la
Compagnie Anglaise reliant Hambourg,
la côte anglaise et le Brésil, dévelop-
paient également leur trafic, grâce au
bon fonctionnement de la ligne du
Havre à Southampton.

C'est pourquoi la Compagnie Franco-
Américaine fut amenée, en 1857, à
abandonner ses deux lignes, après
avoir tenté, sans beaucoup de succès,
de chercher du fret pour quelques-uns
de ses steamers à la Nouvelle-Orleans,
et MM. Gauthier Frères trouvèrent
d'ailleurs, presque aussitôt, à faire un
autre emploi de leurs navires.

La ligne de la Havane — La Compagnie Soubry-Grosos — Trans-atlantiques Espagnols sur Cuba. — Enumération finale (1860)

MM. Gauthier frères transformèrent leur service en 1858, à la suite d'un contrat passé avec le gouvernement espagnol, et etablirent, moyennant une subvention assez élevée, un service postal entre Cadix et la Havane, avec escale à Ténériffe et Porto-Rico. Ils y affectèrent tous leurs navires, à l'exception du *Jacquart* et du *François-Arago* qui se trouvaient alors en avaries, l'un aux Açores, l'autre à la Nouvelle-Orléans, et qui furent, quelque temps après, vendus publiquement dans notre port.

Les autres steamers de la Compagnie Gauthier conservèrent le Havre comme port d'attache. Ils y prenaient des passagers et des marchandises pour Cadix, la Havane et les ports d'escale, et venaient y terminer leurs voyages de retour.

Le Havre fut ainsi relié, pour la première fois, par une ligne à vapeur avec les Antilles espagnoles.

Deux ans plus tard fut inauguré un nouveau service sur la Havane, par vapeurs espagnols. Cette ligne fut desservie par les trois steamers de 1re classe, en fer et à hélice, construits spécialement pour ce service ; le *Mine-*

sota, capitaine X... ; le *Cubana*, capitaine Ant. Pradeira, et le *Montanesa*, capitaine Mier. Ces vapeurs remontaient jusqu'à Hambourg et faisaient escale à Santander. Le *Minesota*, qui ne resta en service que quelques mois, effectua seul les premiers départs. Le *Cubana* fut mis sur cette ligne le 20 mai 1859 et fut suivi par le *Montanesa* le 2 février 1860. Ces navires s'amarraient au bassin de l'Eure. Le prix du passage était de 160 piastres en première et de 80 en seconde. Le fret était fixé, suivant tarif, à 15 piastres et 10 0/0 par tonneau. Ces steamers étaient, au Havre, à la consignation de MM. SOUBRY ET GROSOS, 45, Grand-Quai. Leur Compagnie avait pour représentants à Paris MM. CHATEAUNEUF JEUNE ET SOUBRY, 8, boulevard Montmartre.

La durée de leur traversée variait entre un mois et cinq semaines.

Tels furent les débuts, dans notre port, de la navigation long-courrière à vapeur.

Avant de terminer l'étude de la période d'organisation, au Havre, des premiers services à vapeur, il est nécessaire de donner la nomenclature des lignes et des navires affectés au cabotage qui existaient dans notre port à la fin de 1859.

En voici l'énumération, ou plutôt les modifications, depuis l'époque (1850) où nous nous étions arrêtés précédemment :

LIGNE DE ROTTERDAM : Steamers hollandais *Admiral-Verhuel, Levant, Ary-Scheffer*, depart tous les trois jours (ANDREAE ET KRUG, agents, 35, rue de l'Hôpital.)

Steamers Hollandais *Bordeaux, Hollande, Gironde, Seine* et *Elre* — departs six fois par mois — (GRANDIN, agent).

LIGNE DE CONSTANTINOPLE ET ODESSA — départs tous les vingt jours — (touchant à Malte et à Smyrne) : *Norna, Brenda, Dutchmann, Bellona-Mina, Abéona* (BROSTROM ET Cⁱᵉ, agents, 16, quai de l'Ile).

LIGNE DE BORDEAUX — départs tous les samedis — *Harre, Dordogne, Gironde* (J.-B BARBEY, agent).

LIGNE DE LIVERPOOL — départs tous les lundis — *British-Queen, Balbec* (DONALD-CURRIE, agent).

LIGNE DE SOUTHAMPTON — trajet en huit heures — *Alliance, Harre* (LANGSTAFF, 17, Grand-Quai).

LIGNE DE LONDRES — deux fois par semaine — *Neptune, Denmark* (PH. JACOB, agent, 14, rue de la Crique).

LIGNES DE SAINT-PETERSBOURG : Steamers sous pavillon russe *Celestine, Georges, Vincent, Alphée, Henriette, Hélène, Charles, Villette, Joseph-Périer* (COMPAGNIE BALTIQUE, Leroux frères, 9, quai d'Orléans).

LIGNE DE BREST : *Hambourg* (ED. CORBIERE).

LIGNE DE CHERBOURG : *Nord* (POSTEL ET SES FILS).

LIGNE DE GRANVILLE ET SAINT-MALO : *Paris et-Londres-N°-8* (DUPASQUIER ET CAMEAU, 13, rue Molière).

LIGNE DE DUNKERQUE : *Flandre, Normandie* (RUPPEL, quai Videcoq).

LIGNES DE CAEN, HONFLEUR, TROUVILLE. ROUEN : St amers *Orne, Cygne, Calvados, Normandie, Manche, Furet, Français, Courrier, Eclair, Chamois* (COMPAGNIE DESCHAMPS).

PONT-AUDEMER : *Castor, Ville-de-Pont-Audemer* (CARDES AINÉ).

A la date (1860) à laquelle nous arrêtons provisoirement cette étude, la vapeur triomphe peu à peu de la voile, mais celle-ci résiste encore sur bien des points ; c'est une période de transition.

Nous passerons en revue, dans quelque temps, les principaux faits qui se sont produits dans la période suivante, marquée par des tentatives nouvelles et par l'organisation définitive des principales lignes de steamers qui desservent actuellement notre port. Nous aurons à envisager, en même temps, l'influence qu'ont exercée, sur la navigation à vapeur dans notre port, les diverses modifications qui furent successivement apportées par le législateur au régime de la Marine marchande.

Imp. du JOURNAL DU HAVRE (A. Lachèvre), 11, quai d'Orléans.

www.ingramcontent.com/pod-product-compliance
Ingram Content Group UK Ltd.
Pitfield, Milton Keynes, MK11 3LW, UK
UKHW022041170726
13837UKWH00002B/721